日本語能力試験 JLPT

Japanese-Language Proficiency Test

公式問題集

第二集

N1 level

音声CD・1枚付

国際交流基金

日本国際教育支援協会

にほんごの凡人社

はじめに

　日本語能力試験は、日本語を母語としない人の日本語能力を測定し認定する試験として、国際交流基金と日本国際教育支援協会が1984年に開始しました。当初、15か国で実施し、約8,000人の応募者でスタートした本試験は、2017年には81の国・地域で実施し、100万人を超える応募者がある、世界最大規模の日本語の試験に成長しました。日本国内においては全都道府県で実施するにいたっています。

　開始から34年の時を経て、試験の活用方法は多様化しました。当初は、主に個人の実力測定や進学の目安として活用されていましたが、現在では、日本の国家試験や出入国管理制度の中で採用されるなど、日本社会の重要な場面において活用されるようになったほか、世界中で様々に活用されています。

　本試験の詳細については、日本語能力試験公式ウェブサイト（www.jlpt.jp）でご覧いただけます。また、2009年には『新しい「日本語能力試験」ガイドブック』と『新しい「日本語能力試験」問題例集』を、2012年には『日本語能力試験公式問題集』を発行しています。そしてこのたび、よりよく試験を知っていただけるよう『日本語能力試験公式問題集 第二集』を発行することといたしました。

　本問題集の構成・内容は次のとおりです。
1．本問題集は、「N1」「N2」「N3」「N4」「N5」の5冊に分かれています。
2．各レベルとも、試験の1回分に相当する問題数で構成されています。
3．試験の練習に使えるよう、問題用紙の表紙と解答用紙のサンプルを掲載しています。
4．「聴解」の試験問題用のCDがついています。また「聴解」の音声を文字にしたスクリプトを掲載しています。
5．実際の試験問題と解答用紙はA4判です。本問題集では実物より縮小してあります。
6．本問題集の試験問題と解答用紙、正答表と聴解スクリプト、CDの音声は、日本語能力試験公式ウェブサイト（www.jlpt.jp）からダウンロードすることができます。

　本書が学習機会の拡大につながり、日本語教育関係者の参考になれば幸いです。

2018年12月

独立行政法人　国際交流基金　　公益財団法人　日本国際教育支援協会

目次

1 試験問題 1
　言語知識（文字・語彙・文法）・読解 3
　聴解 37
　解答用紙 52

2 正答表と聴解スクリプト 55
　正答表 56
　聴解スクリプト 58

3 日本語能力試験の概要 77
　① 日本語能力試験について 78
　② 日本語能力試験の特徴 79
　③ 日本語能力試験のメリット 81
　④ 認定の目安 83
　⑤ 試験科目と試験（解答）時間 84
　⑥ 試験問題の構成と大問のねらい 85
　⑦ 試験科目と得点区分 91
　⑧ 試験の結果 92
　⑨ よくある質問 94

1
試験問題(しけんもんだい)

Language Knowledge (Vocabulary/Grammar)・Reading

問題用紙

N1

言語知識（文字・語彙・文法）・読解

（110分）

注意 Notes

1. 試験が始まるまで、この問題用紙を開けないでください。
   Do not open this question booklet until the test begins.
2. この問題用紙を持って帰ることはできません。
   Do not take this question booklet with you after the test.
3. 受験番号と名前を下の欄に、受験票と同じように書いてください。
   Write your examinee registration number and name clearly in each box below as written on your test voucher.
4. この問題用紙は、全部で31ページあります。
   This question booklet has 31 pages.
5. 問題には解答番号の 1 、 2 、 3 … が付いています。
   解答は、解答用紙にある同じ番号のところにマークしてください。
   One of the row numbers 1 , 2 , 3 … is given for each question. Mark your answer in the same row of the answer sheet.

受験番号 Examinee Registration Number

名前 Name

問題1　＿＿＿の言葉の読み方として最もよいものを、1・2・3・4から一つ選びなさい。

1　社会活動に参加することで、人脈を広げることができた。
　　1　じんみゃく　　2　じんまく　　3　にんみゃく　　4　にんまく

2　鈴木（すずき）さんは指摘がいつも的確で、本当に賢い人だと思う。
　　1　するどい　　2　かしこい　　3　すごい　　4　えらい

3　文化の違いが食生活に顕著に現れている。
　　1　げんちょ　　2　けんしょ　　3　けんちょ　　4　げんしょ

4　相談の内容は多岐にわたった。
　　1　たき　　2　たじ　　3　たぎ　　4　たし

5　その風習は、今はもう廃れてしまった。
　　1　くずれて　　2　かすれて　　3　つぶれて　　4　すたれて

6　家賃の相場は地域によって違う。
　　1　あいば　　2　そうば　　3　あいじょう　　4　そうじょう

問題2 （　　）に入れるのに最もよいものを、1・2・3・4から一つ選びなさい。

7 私はこの土地で定職に就き、生活の（　　）を築いた。
1　根拠　　　　2　基盤　　　　3　根源　　　　4　基地

8 議論は難航すると思ったが、すぐに意見がまとまり、（　　）結論が出た。
1　すんなり　　2　うっとり　　3　ふんわり　　4　こっそり

9 さっき駅前で佐藤さんを（　　）んですが、今、海外にいるはずなのに変ですね。
1　見合わせた　2　見過ごした　3　見かけた　　4　見違えた

10 市長の責任ある行動が住民の不安を（　　）し、行政に対する期待が一気に高まった。
1　一掃　　　　2　追放　　　　3　削除　　　　4　排出

11 十分に煮た野菜は味が（　　）柔らかく、とてもおいしかった。
1　溶けて　　　2　染みて　　　3　潤って　　　4　沈んで

12 このテーブルは私が子どものころから使っているので、（　　）があって捨てられない。
1　心情　　　　2　好感　　　　3　熱意　　　　4　愛着

13 現社長は創立者から経営の（　　）を学んだ。
1　データベース　2　ベテラン　　3　ライフワーク　4　ノウハウ

問題3 ＿＿＿の言葉に意味が最も近いものを、1・2・3・4から一つ選びなさい。

[14] 高橋さんにはかねがねお会いしたいと思っていました。
1　直接　　　2　ぜひ　　　3　早く　　　4　以前から

[15] 林さんはそれを故意に捨てたらしい。
1　わざと　　2　うっかり　　3　いやいや　　4　さっさと

[16] 昨日、鈴木さんにおわびした。
1　文句を言った　2　お礼を言った　3　断った　　4　謝った

[17] 中村さんの言葉からは強い意気込みが伝わってくる。
1　敬意　　　2　自信　　　3　意欲　　　4　信頼

[18] 妹は少しおびえているようだった。
1　焦って　　2　怖がって　　3　悩んで　　4　悔やんで

[19] 私はその一言に安堵した。
1　すっとした　2　はっとした　3　ほっとした　4　かっとした

問題4 次の言葉の使い方として最もよいものを、1・2・3・4から一つ選びなさい。

20 閑静
1 そのレストランは繁華街から外れた閑静な場所にある。
2 今日は朝から具合が悪かったので、会社を休んで家で閑静にしていた。
3 用事が早く済み、閑静な時間ができたので、映画を見に行くことにした。
4 日中はにぎやかな公園だが、夜になると急に閑静になる。

21 たやすい
1 弟は寝坊したらしく、たやすい物だけ食べて、慌てて出かけていった。
2 伊藤氏とは大学時代からの親友で、本音が言えるたやすい関係だ。
3 せっかくの日曜日だから、ゆっくり休んでたやすく過ごそうと思う。
4 この問題は想像以上に複雑で、たやすく解決できるものではなかった。

22 察する
1 医師たちはチームを組み、意見を出し合って、最良の治療法を察した。
2 気象予報士はテレビの天気予報で、来週の気温の変化を察し始めた。
3 鈴木さんは、私が何も言わなくても、私の気持ちを察して慰めてくれた。
4 外を歩いていたら急にいいアイディアを察したので、手帳にメモをした。

23 内訳
1 来週の内訳を確認したが、予定がないのは木曜の夜だけだ。
2 前回の出張費の内訳を見たら、交通費の割合が予想外に高かった。
3 司会者は進行を間違えないように、式の内訳を何度も見直した。
4 家族の健康のため、栄養の内訳を考えて食事を作っている。

24 食い違う
1 この事件は、複数の目撃者の話がそれぞれ食い違っており、不明な点が多い。
2 金庫を開けようと思ったが、どの鍵も食い違って開けられなかった。
3 何だか歩きにくいと思ったら、サンダルの左右が食い違っていた。
4 調味料を変えたのか、この料理はいつもと味が食い違っているように感じる。

25 過密

1 雑誌で紹介されてから、この商品への過密な注文が続いているらしい。

2 水質汚染に関して人々の抗議が過密になり、政府は対策を迫られている。

3 今回の出張は過密なスケジュールで、ゆっくり食事する時間もなさそうだ。

4 春になると、この池の周りには、色とりどりの花が過密に咲き乱れる。

問題5 次の文の（　　）に入れるのに最もよいものを、1・2・3・4から一つ選びなさい。

26 朝の満員電車。車内の混雑を（　　）、私の目の前に座っている学生風の男は、平然とノートパソコンを広げて、作業に没頭していた。

1　含めて　　　2　もとに　　　3　除いて　　　4　よそに

27 私の父は、（　　）もしないで漫画を批判するから、本当に嫌になる。

1　読まない　　2　読み　　　3　読もう　　　4　読んで

28 （卒業生へのインタビューで）

聞き手「学生時代にやったことで、今の仕事に役立っていることは何でしょうか。」
田中　「ラグビー部での経験ですね。チームワークの大切さを痛感しました。（　　）、それは去年企画チームのリーダーになって初めて気づいたことですが。」

1　要するに　　2　あるいは　　3　もっとも　　4　ついては

29 村の郷土史をまとめるにあたり、今年90歳になる元村長の東山さんにお話を伺った。村に初めて汽車が走ったときのことを鮮明に覚えて（　　）、その記憶力に驚いた。

1　おいでになり　2　差し上げ　　3　まいり　　　4　申し上げ

30 （求人サイトの「よくある質問」で）

Q：インテリアに関する知識がないのですが、働けますか。
A：研修があるので大丈夫です。知識はある（　　）が、それよりも人柄や仕事に取り組む姿勢を重視しています。

1　にすぎません　　　　　　　2　ことは否めません
3　に越したことはありません　4　といっても過言ではありません

31 （お知らせで）

水道管破裂による断水のため、8月12日まで市民プールの営業を休止します。復旧状況（　　）、営業再開が遅れる可能性がありますので、ご了承ください。

1　次第には　　2　次第に　　　3　次第では　　4　次第

32 クレジットカードの番号等、他人に（　　　）困る情報は、電子メールには書かないほうがいいそうだ。
1　知っていても
2　知っていなくても
3　知らなくては
4　知られては

33 仕事は、決められた時間内に、いかに成果を上げるかが大切であり、単に時間をかけて（　　　）と私は思う。
1　がんばることだといってもおかしくない
2　がんばればいいというものではない
3　がんばることでしかない
4　がんばりようがない

34 現在、潜水調査船を用いた調査研究が進展中であり、いずれ近いうちに海底のより詳細な地質構造が明らかに（　　　）。
1　なるものと思われる
2　するという思いがある
3　なったかに思える
4　するだろうと思う

35 山下「あのう、西村先輩。私、今日でこのサークルを（　　　）。」
西村「ええ？　辞める？　急にどうして？」
1　辞めてしまわれたのでしょうか
2　辞めてしまったのかと思って
3　辞めさせたらどうでしょうか
4　辞めさせてもらおうかと思って

問題6　次の文の ★ に入る最もよいものを、1・2・3・4から一つ選びなさい。

(問題例)

あそこで ＿＿＿ ＿＿＿ ★ ＿＿＿ は山田さんです。

1　テレビ　　2　見ている　　3　を　　4　人

(解答のしかた)

1．正しい文はこうです。

あそこで ＿＿＿ ＿＿＿ ★ ＿＿＿ は山田さんです。

1　テレビ　　3　を　　2　見ている　　4　人

2．★ に入る番号を解答用紙にマークします。

(解答用紙)　(例)　①　●　③　④

[36]　「アセビ」という、白い花を咲かせる樹木を漢字で「馬酔木」と書くのは、アセビには　★ ＿＿＿ ＿＿＿ ＿＿＿　そうです。

1　由来する
2　有毒成分があり
3　状態になることに
4　馬が食べると酔ったような

[37]　家族の時間を大切にする夫は、つい ＿＿＿ ＿＿＿ ★ ＿＿＿ ありがたい存在です。

1　本当に大切なものは何なのか
2　私に
3　仕事に夢中になりすぎる
4　気づかせてくれる

38 Z県知事の林和夫氏は、週刊誌で、脱税を行った＿＿＿　＿＿＿　★　＿＿＿異なり、名誉を傷つけられたとして、発行元のX社を相手取り訴訟を起こした。

1　事実とは全く　　　　　　　2　疑いがあるなどと
3　報じられた　　　　　　　　4　ことに対し

39 Q鉄道が10年ぶりに運賃値上げに踏み切った。安全対策や原油の高騰で支出が増え、経営努力だけでは対応しきれないと判断＿＿＿　＿＿＿　★　＿＿＿。

1　という　　2　の　　3　ことだ　　4　して

40 世の中にはさまざまな資格があふれているが、資格を取った＿＿＿　＿＿＿　＿＿＿　★　世間は甘くないらしい。

1　だけ　　　　　　　　　　　2　ほど
3　で　　　　　　　　　　　　4　希望の職につける

問題7　次の文章を読んで、文章全体の趣旨を踏まえて、 41 から 45 の中に入る最もよいものを、1・2・3・4から一つ選びなさい。

以下は、小説家が書いたエッセイである。

十人十色

　マニュアルというものが、この世には存在する。機械を買った場合には、これを読む。書かれてある通りに動かないと困る。ビデオの再生ボタンを押したのに、録画が始まってはたまらない。ところが、生き物はそうはいかない。あちらに通用したことが、 41 。

　うちで、ねこを飼い始めた当座は、何も分からなかった。吐いたりすると、それだけでびっくりしてしまった。あわてて、ねこを飼っている人に電話した。一番にかけたところが留守だと、ますます、動揺する。結局、関西の知り合いにまでかけて、

　「心配ありませんよ。ねこは吐くものですよ」

　という言葉をいただき、やっと安心。こんな具合だった。

　さて、 42 時に、当然のことながら「ねこの飼い方」の本も読んだ。マニュアルである。なるほど——と思えることが書いてある。中でも納得したのが、 43 。

　——「動物にとって、用足ししている時は、最も無防備な状態です。襲われたら大ピンチ。その最中、人に近づかれることを、ねこはとても嫌います。飼い主は、離れるようにし、のびのびとした気分でさせてやりましょう」

　これは頷ける。そこで、ゆずが——うちのねこの名前はゆずという——そうする時は遠慮していた。

　 44 。朝、ねこトイレの砂をかきまわし、汚れ物を取り始めると、「ご苦労」というように、ゆずがやって来る。そして、まだトイレに手を入れているのに、「どけどけ」というように中に入ってくる。そして、足を踏ん張り、——行うのだ。これ見よがしに。

　あの説得力のあるマニュアルは、一体全体、何だったのか。なるほど、生きている物には個性があると、あらためて 45 。

（北村薫『書かずにはいられない—北村薫のエッセイ』新潮社による）

（注1）用足ししている：大便や小便をしている
（注2）無防備な状態：危険に備えていない様子
（注3）ねこトイレ：箱の底に砂などを敷いた、ねこ用のトイレ
（注4）これ見よがしに：自慢げに見せつけるように

41
1　こちらにはいえないこともない
2　こちらにいえるとは限らない
3　こちらにもいえるとは思わなかった
4　こちらにはいえないと思うのか

42
1　そういう　　　2　する　　　3　あの　　　4　やろうという

43
1　トイレのことだ　　　　　　2　トイレのことであるに違いない
3　トイレだからである　　　　4　トイレだと聞いている

44
1　もっともである　　　　　　2　当然である
3　ところがである　　　　　　4　例えばである

45
1　認識させられたことがある　　2　認識させられたおかげだ
3　認識させられる話があった　　4　認識させられる出来事だった

問題8 次の(1)から(4)の文章を読んで、後の問いに対する答えとして最もよいものを、1・2・3・4から一つ選びなさい。

(1)

　教師＝話す人、生徒＝聞く人という構造が知らず知らずのうちに教室空間にできあがり、そして固定化してしまうのは恐ろしいことではないかと思う。教師が先取りしてしまうことで、生徒が自分自身で考え、解決しようとする芽をつみとってしまう場合がある。

　いつも話し続けるのがコミュニケーションでない。教師側が沈黙し、「待つ」という行為も時には大切であろう。もう少し話したい、と思うところで一歩ひいてみることで、相手が言おうとすることを引き出すことができるのである。
(注)

(徳井厚子『日本語教師の「衣」再考―多文化共生への課題』くろしお出版による)

(注) 一歩ひいてみる：ここでは、話すのをやめてみる

46 筆者の考えに合うのはどれか。

1　教師と生徒が自由に発言し合うことも必要だ。
2　教師は生徒の考えを想像するべきだ。
3　教師は生徒の発言を待つことも必要だ。
4　教師は生徒に沈黙の時間を与えないようにすべきだ。

(2)

以下は、ある市役所のホームページに掲載されたお知らせである。

2016年11月1日
スポーツ課

市民運動場の予約について

市民運動場の予約は、これまで管理事務所窓口で受け付けておりましたが、2017年2月1日よりインターネット上の予約システムでも行うことができるようになります。予約システムの利用は平日、土日祝日を問わず24時間可能で、予約は、窓口での予約と同様に、使用日の一か月前から受け付けます。
予約システムの利用に際しては、事前に利用者登録が必要となりますので、身分を証明できるものを持って管理事務所窓口にお越しください。

市民運動場管理事務所　〒002-3833　南松市中央町3-2　中央公園内
　　　　　　　　　　（受付時間：月曜日～金曜日　9:00～17:00）

[47] 市民運動場の予約について、このお知らせは何を知らせているか。

1　管理事務所窓口での予約受付期間が変更になること
2　管理事務所窓口で利用者登録をすれば、インターネット上で予約ができるようになること
3　インターネット上での予約受付時間がこれまでより長くなること
4　インターネット上の予約システムの導入により、管理事務所窓口での予約ができなくなること

(3)

　異文化間での対話を議論するときに，必ずといってよいくらい出てくるのが，価値観の理解と共有である。他者と対話を通して，人間関係を樹立していくには，自己の価値観を保存したままで，他者の価値観を理解するという方略だけでは十分ではない。相互的な働きかけを通じて，何か新たな価値を共有することが要求されるのである。すなわち，自らの価値観を相対化し，新たな価値を対話という共同作業を通して創り上げ，それを共有していく態度が必要なのだ。

（ARCLE編集委員会・田中茂範・アレン玉井光江・根岸雅史・吉田研作編著
『幼児から成人まで一貫した英語教育のための枠組み―ECF―English Curriculum Framework』
リーベル出版による）

[48] 筆者によると、異文化間で対話を通して人間関係を築く上で最も大切なことは何か。

1　自己の価値観を理解してもらおうとする態度
2　自己の価値観を保ちながら、他者の価値観を理解する態度
3　他者と自己の共通の価値観を創り上げていく態度
4　他者の価値観の中に自己の価値観との共通点を見つける態度

(4)

以下は、劇を作ることを仕事にしている人が書いた文章である。

　僕は「変な人」です。そうでなければ、こんな仕事はしてません。そして僕は「普通の人」です。だからこそこの仕事が成立しています。
　「特別なもの」を生み出そうとするとき、それがどんなふうに特別なのかを「普通」という視点から見極める必要があります。「特別」と「普通」、定規を何度も持ち替えるのです。そのために自分の中の普通さを死守するのです。

（小林賢太郎『僕がコントや演劇のために考えていること』幻冬舎による）

49 この文章で筆者が述べていることは何か。

1　「普通」という視点がないと、「特別なもの」は作れない。
2　「普通の人」が普通のものを作ると、「特別なもの」になる。
3　「変な人」が普通のものを作ると、「特別なもの」になる。
4　「変な人」の視点でしか、「特別なもの」は作れない。

問題 9 次の(1)から(3)の文章を読んで、後の問いに対する答えとして最もよいものを、1・2・3・4から一つ選びなさい。

(1)

　人に従順な飼い犬は、もともとオオカミの仲間を飼い馴らしたものである。（中略）
　ところが、「人間がオオカミを飼い馴らした」という話には謎が多い。犬が人間と暮らすようになったのは、15000年ほど前の旧石器時代のことであると推測されている。当時の人類にとって、肉食獣は恐るべき敵であった。そんな恐ろしい肉食獣を飼い馴らすという発想を当時の人類が持ち得たのだろうか。しかも犬を飼うということは、犬にエサをやらなければならない。わずかな食糧で暮らしていた人類に、犬を飼うほどの余裕があったのだろうか。また当時の人類は犬がいなくても、狩りをすることができた。犬を必要とする理由はなかったのである。
　最近の研究では、人間が犬を必要としたのではなく、犬の方から人間を求めて寄り添ってきたと考えられている。犬の祖先となったとされる弱いオオカミたちは、群れの中での順位が低く、食べ物も十分ではない。そこで、人間に近づき、食べ残しをあさるようになったのではないかと考えられているのである。
　弱いオオカミだけでは、狩りをすることができないが、人間の手助けをすることはできる。そして、やがて人間と犬とが共に狩りをするようになったと推察されている。こう考えると、当時、自然界の中で強い存在となりつつあった人間に寄り添うことは、犬にとって得なことが多かった。つまり、人間が犬を利用したのではなく、犬が人間を利用したかもしれないのである。

（稲垣栄洋『弱者の戦略』新潮社による）

[50] 謎が多いとあるが、謎に合うのはどれか。

1　犬ではなくオオカミを飼おうとしたこと
2　オオカミを肉食獣だと思わなかったこと
3　恐ろしいオオカミを飼って利用しようと考えたこと
4　狩りの邪魔になるのに恐ろしいオオカミを飼おうとしたこと

51 筆者によると、どのようなオオカミが犬の祖先だと考えられるか。

1 人間から頼りにされたオオカミ

2 狩りの上手なオオカミ

3 群れから追い出されたオオカミ

4 群れの中で下位のオオカミ

52 犬の祖先が人間と暮らすようになったきっかけについて、筆者はどのように考えているか。

1 人間を利用して仲間からの危険を避けようとした。

2 人間に近づいて食糧を得ようとした。

3 人間が狩りの手助けをさせた。

4 人間がエサを与えた。

(2)

　子どもはこれから自分は大人になっていくのだから、自分はどうなるのだろうとそれは一所懸命に大人を観察している。その大人に魅力を感じれば、あんなふうになりたいと思うかもしれない。ほんのちょっとチャーミングなところを認めて、ああ失敗しても、どじ(注1)ばかりでもいいんだと思えることもあるかもしれない。あるいは、僕はあんな大人にはならないだろうけれど、あんなふうにするのもすてきだなと感じることもあるに違いない。とにかく子どもは、①そんなふうに常に大人を見ているのである。

　（中略）

　子どもはやがて大人になる。その大人に魅力がなかったら、それは自分に明日がないと言われているのと同じことだ。大人になってもつまらなそうだ、楽しいことがなさそうだと感じたら、君の未来はこの程度のものだとつきつけられているのと変わらない。②これほど子どもにとって不幸なことはない。

　大人はいつも子どもに見つめられている、子どもが自分を観察しているということを自覚していなければいけないと思う。わが身をつくろって、いいかっこするのではない。正直に失敗するのなら、子どもより上手に失敗してみせよう、傷つくなら子どもより上手に傷ついてみせよう。人生の先輩としてというより、現役の子どもに対してベテランの子どもとして、ベテランらしいところを見せてやろうじゃないか。そういう気概(注2)の大人がたくさんいれば、子どもたちはきっと大人の世界に魅力を見いだすに違いない。それが幸福な子どもの将来につながるのだと思う。

（大林宣彦『父の失恋　娘の結婚―べそっかきの幸福そうな顔』フレーベル館による）

（注1）どじ：うっかりした失敗
（注2）気概の：ここでは、強い気持ちを持った

53　①そんなふうにとあるが、子どもはどんなふうに大人を見ているのか。
　1　早く大人になりたいと思っている。
　2　大人の姿から魅力的な部分を探している。
　3　自分が失敗したときどうするか考えている。
　4　あんな大人にはなりたくないと思っている。

[54] ②これほど子どもにとって不幸なことはないとあるが、何が不幸なのか。

1　大人を見ても未来の自分に希望が持てないこと
2　大人を見てもすてきな大人になる自信が持てないこと
3　大人を見ても今何をしておけばいいか分からないこと
4　大人を見ても将来自分のしたいことが見つからないこと

[55]　筆者が大人に対して伝えたいことは何か。

1　人生の先輩らしく、いつもかっこいい大人でいよう。
2　ベテランの子どもとして、子どもを幸福な将来へ導いてあげよう。
3　子どもたちに、大人の魅力的な世界を教えよう。
4　子どもたちに、ベテランの子どもとしての行いを示そう。

(3)

　科学記者を始めた20年ほど前、記者の訪問を歓迎しない科学者は、けっして珍しくなかった。「新聞記者との付き合いには何のメリットもなく、時間の無駄。記者と親しい科学者は、同僚からうさんくさい目で見られる。真理の探究に没頭する科学者が、記者なんていう世俗を相手にしては沽券にかかわる」というわけだ。それが今は、まったく違う。科学者も、研究に税金を使うからには自分の仕事を積極的に世間に説明するのが当然だとみなされ、大学や研究所はメディア戦略を練るまでになった。変われば変わるものだ。

　　（中略）

科学者側の広報が巧みになればなるほど、科学ジャーナリズムは科学者集団のたんなる宣伝係で仕事をした気になってしまう恐れがある。

　「サイエンス」や英国の「ネイチャー」に載る科学者の論文を、どの新聞も毎週のように記事にして紹介している。その多くが、これらの論文誌の巧みな広報資料や研究者の記者発表をもとにしているのだが、これなどまさに、何を社会に伝えるかは自分で決めるというジャーナリズムの要を、科学者集団側になかば預けてしまっているのではないか。

　自分でネタ探しをするよりも、このほうがたしかに効率的なのだ。

　米国の科学ジャーナリズムの教科書には、科学者たちはマスメディアを自分たちの広報機関のようにとらえるものだと書いてある。科学ジャーナリズムは、広報戦略に長けてきた科学者たちとどう付き合っていくべきか。その哲学と戦略を、こちら側も改めて肝に銘じておかなければならない時代になった。

（YOMIURI ONLINE
＜http://www.yomiuri.co.jp/column/science/20090513-OYT8T00319.htm＞2010年3月7日取得による）

（注1）沽券にかかわる：体面を損ねる
（注2）要：最も大切な部分
（注3）長けてきた：上手になってきた
（注4）肝に銘じて：忘れないように心にしっかりととどめて

56 変われば変わるものだとあるが、科学者はどのように変わったのか。

1 以前は記者を世俗的だと見ていたが、現在はメディアを信頼するようになった。
2 以前は記者と距離を置いていたが、現在は積極的にメディアとかかわるようになった。
3 以前は同僚の目を気にしていたが、現在は記者の目をより気にするようになった。
4 以前は自らメディア戦略を練っていたが、現在は記者の力を借りるようになった。

57 科学者との関係で、今のジャーナリズムにはどのような問題があるか。

1 科学者が望む論文を記事にしていない。
2 科学者が十分満足できる広報をしていない。
3 科学者から提供された情報をそのまま伝えている。
4 科学者から提供された情報を十分理解せずに報じている。

58 この文章で筆者が最も言いたいことは何か。

1 科学者は、科学ジャーナリズムの立場をもっと理解すべきである。
2 科学者は、科学ジャーナリズムとの関係のあり方を改めて見直すべきである。
3 科学ジャーナリズムは、報道内容の決定にあたって主体的であるべきだ。
4 科学ジャーナリズムは、科学の価値を正しく認めてもらえるよう努めるべきだ。

問題10 次の文章を読んで、後の問いに対する答えとして最もよいものを、1・2・3・4から一つ選びなさい。

　暮らしの中で身近な木といえば、街路樹と公園の樹木、そして住宅の庭の木あたりでしょうか。いずれも毎日目にはしているものの、あらためて意識することは少ないと思います。でも、例えばこれがすべて枯れてしまったとしたらどうでしょう。なんとも寂しく、無味乾燥な、あるいは何か病気を連想させるようなイメージのまちになってしまうのではないでしょうか。また、昨今は、維持管理の面などから街路樹を植えないまちなどもあるようですが、一見近代的、未来都市的なイメージもしますが、うるおいややすらぎのないまちのようにも見えます。このようにまちの樹木は、実はとても大きな役割を持っています。

　では、この木々たちは、ただ植えるだけ、存在するだけでいいのでしょうか。そうではありません。そこに意味や意義がなければならないのです。わかりやすく言うと、街路樹の樹種を何にするかというようなことです。その土地の植生(注1)を踏まえ、その上に歴史性や未来性を重ね合わせる。季節の移ろいの中で、人々がその木をどのように眺めながら暮らしていくのか。そんな積み重ねの上にはじめて「ここにはこの木を植えよう」ということになる。①それがその木がその場所に存在する意義です。

　住宅の庭木も同じです。単に自分の好みばかりでなく、その木が住宅街の小路をどのように演出するのか、まわりとの調和はどうなのか。そんなことを考えていくのがまちづくりの中の「木」です。昨今のガーデニングブームで、確かに個々の家の庭は立派になりました。花や木の種類もずいぶん増えて、ひと昔前には無かったような色や形も見られます。そして、ガーデニングをする人達の情報交流も盛んとなり、新たなコミュニティも生まれているようです。しかし、いま一つ自分の土地から外に広がっていない感じがします。道路や公園は地域にとっての共有の庭であり、個々の部分と共有の部分が美しくなってこそはじめて全体が美しくなるのです。美しく楽しい庭を作っている人々には、②もっと欲張って美しく楽しいまちを作ってほしいと思います。

　「愛でる」という言葉があります。これは主に植物に対して使われます。満開の桜や初夏の新緑、真夏の木陰や秋の紅葉・・・。私たちは折々に木々を眺め、そこに日々の暮らしを重ね合わせたり、育ちゆく木々に子供達の明るい未来を願ったりしているのではないでしょうか。そしてそんな思いをこめて水やりや手入れをする。これが「愛でる」という(注2)

ことだと思うのです。その愛でる心と愛でられる木々があってはじめてよいまちとなるのです。

(加藤美浩『まちづくりのススメ』による)

(注1)その土地の植生：その土地にどのような植物が生えているか
(注2)折々に：ここでは、機会があるごとに

[59] 筆者によると、まちの樹木の大きな役割とは何か。
1 人々に木が身近な存在であることを意識させる。
2 人々に未来都市的なイメージを与える。
3 人々を現実の煩わしさから逃れさせる。
4 人々を落ち着いた気持ちにさせる。

[60] ①それとはどういうことか。
1 その土地に暮らす人々の好みに合わせた樹木を植えること
2 その土地の特性と人々の暮らしを考慮し、樹木を植えること
3 その土地の歴史的な樹木を大切にし、保存すること
4 その土地の季節の移ろいを感じさせる樹木を大切にすること

[61] ②もっと欲張ってとあるが、筆者の気持ちと合うものはどれか。
1 自分の好みだけではなく、まち全体との調和も考えてほしい。
2 ガーデニングをする人達同士で、もっと情報交換をしてほしい。
3 個々の庭の花や木が、さらに美しく育つようにしてほしい。
4 個々の庭よりも、まちの共有の部分のほうに力を入れてほしい。

[62] 筆者の考えに合うのはどれか。
1 人々がまちの木々を愛でることで、子供達が自然に関心を持つようになる。
2 人々がまちの木々を愛でることが、よいまちづくりにつながる。
3 人々がまちの木々の手入れを怠らなければ、よいまちになる。
4 人々が季節による木々の変化に関心を持つことで、愛でる心が生まれる。

問題11 次のAとBの文章を読んで、後の問いに対する答えとして最もよいものを、1・2・3・4から一つ選びなさい。

A

　雑談はいろいろな意見を交換し合うことによって、ヒントを得ようというスケールの大きな場である。そこにいる誰もが自由に発言する権利を持っている。仮に自分とは反対意見であっても、まずは聞くという姿勢を保つこと、心理学のカウンセリングと同じである。
　そして相手の発言に対して、自分の意見を軽い気分で述べる、それが雑談である。
　どんなに間違っている、バカバカしいと思われる意見であっても、いったんそれを受け入れること。「なぜあの人はこのような発言をするのか」と考えていくと、自分がそれまで見落としていたことがあることに気がつくこともある。
　「話し上手は聞き上手」という言葉があるように、雑談では「いかに発言するか」よりも「いかに聞くか」が大切になる。

(多湖輝『人の心をつかむ「雑談力」情報が集まる「雑談力」』新講社による)

B

　雑談は無駄だという人がいるが、本当にそうだろうか。辞書を調べると「無駄話」という意味もあるが、「さまざまなことを気楽に話し合うこと」という意味もある。気楽な気持ちのとき、人は本音を話すものだ。バカらしいと思う話もあるかもしれないが、雑談の中から相手の人間性が見えてくる。
　そうはいっても、気楽に話せる雰囲気を作るのは簡単なことではない。まずは、自分から話のきっかけになりそうな小さなエピソードを話そう。相手が話に乗ってきた(注)と思ったら、そこで自分の本音を話してみよう。そうすれば、相手もやがて心を開いて話し始めるだろう。そうなれば、雑談も意味のある時間となる。

(注)話に乗る：ここでは、話に興味を持つ

63 雑談の良い点について、AとBはどのように述べているか。

1　Aはお互いの考えを認め合えると述べ、Bは相手の人間性が見えてくると述べている。

2　Aは相手と意見交換ができると述べ、Bはバカらしい話をしても受け入れてもらえると述べている。

3　Aは自分が気づいていなかったことに気づけると述べ、Bは相手の本音を知ることができると述べている。

4　Aは誰もが自由に意見を発言できると述べ、Bは相手と自分との共通点を見つけることができると述べている。

64 雑談をするときの姿勢について、AとBはどのように述べているか。

1　AもBも、相手の話をよく聞くことが大切だと述べている。

2　AもBも、相手と自分が同じぐらいの割合で話すようにしようと述べている。

3　Aは相手の話を聞くことが大切だと述べ、Bは自分から話すようにしようと述べている。

4　Aは相手の発言の意図を考えることが大切だと述べ、Bはまずは相手に話をさせることが大切だと述べている。

問題12 次の文章を読んで、後の問いに対する答えとして最もよいものを、1・2・3・4から一つ選びなさい。

　建築の設計をやっていると様々な職人に出会う。大小を問わずどの現場でも一人や二人、主役を張れる人がいる。そうした人に出会うのが、現場に通う楽しみのひとつだ。長い時間、図面にばかり接していると、現実を離れて思考が一人歩きすることがよくある。そんな時、彼らからもらう情報がかけがえのないものであることが分かる。我々が作り出す図面は、線で描かれた抽象的な記号に過ぎない。彼らは物に触っている。経験則によって裏付けられた、物に近い、深くて確かな情報を持っている。

　図面は人間の頭の中だけで作り出されたものだ。それを現実の建物に移し替えるには、木や鉄やコンクリートといった、物から手によって直接に得られる情報が不可欠だ。頭で生み出されたものは、思いこみや錯誤によって間違うことが多いからだ。

　今はコンピューターと情報通信の時代だ。それにともなって、手を動かす機会がどんどん少なくなってきている。建築の設計でもCAD（コンピューター利用設計）化の勢いはすさまじい。しかし、その図面は、設計の全体を把握しにくい。きれい過ぎて、何であれ、すべてうまくいっているように見えてしまう。手を経ずに、頭の中だけで作業が完結してしまっているからだろう。

　トレーシングペーパーに鉛筆で苦労をして描かれた旧来の図面は、そこに描く人の感情が入っている。うまくいっていないところは消しゴムで消し、描き直して修正していく。技術的に問題のあるところ、デザイン的にうまくいっていないところほど、線はにじみ、トレーシングペーパーは人の手の脂で汚れてくる。何回も描き直した個所は、しまいには擦り切れて穴が開いてしまうこともある。

　描いた当人の自信がなければ、鉛筆の線にもその迷いを見て取ることもできる。慣れてくると、図面上の線から、描いた人の経験的なレベルや人柄さえ分かるようになる。手書きの図面には、すてがたい様々な種類の情報が塗り込められている。均質な図面の向こう側に人の姿が見えにくい分、CADでは大きなリスクを見落とす可能性もある。

　手から遠いコンピューターの出現によって、リスクの所在をかぎ取ることが、旧来の経験則では難しくなってきている。これは設計に限ったことではないだろう。今や情報通信とコンピューターはあらゆる分野に浸透し、社会全体を変えつつある。頭から生み出されたものが暴走している。リスクの所在が、より巨大で、見えにくくなった。

どこかでそれを、生身の身体を持つ人間の側に引き戻す必要がある。手から得られる情報は、効率は悪いが、現実の世界をまさぐって得られるものだ。その人の身体だけにとどまる固有の情報といってもよい。忘れられつつある手の行き場を考えるべきだろう。

(内藤廣『建築のはじまりに向かって』王国社による)

(注1) 主役を張る：ここでは、主要な役割を果たす
(注2) かけがえのない：他に代わりがないほど貴重な
(注3) トレーシングペーパー：ここでは、設計図を描くための紙
(注4) 旧来の：昔からの
(注5) まさぐる：手探りをする

[65] そうした人に出会うのが、現場に通う楽しみのひとつだとあるが、なぜか。
1 職人から得る情報で自分のやり方の正しさが確かめられるから
2 職人たちの経験に基づいた信頼できる情報が得られるから
3 様々な職人たちから建築設計の多様性が学べるから
4 経験豊かな職人たちの仕事ぶりが見られるから

[66] 鉛筆で描かれた図面について、筆者はどのように述べているか。
1 設計の過程や描いた人に関する情報が得られる。
2 経験を積んで設計に自信のある人にしか描けない。
3 細部は分かりにくいが、全体は把握しやすい。
4 情報を読み取りにくいが、描いた人の感情がこもっている。

[67] 筆者は、コンピューターが社会にどのような影響を与えたと述べているか。
1 多くの情報の中から必要な情報を選び出しにくくなった。
2 リスクの高い様々な種類の情報が氾濫するようになった。
3 これまでに得られた経験則が社会で必要とされなくなった。
4 どこにどのようなリスクが潜んでいるか把握しにくくなった。

68 この文章で筆者が最も言いたいことは何か。

1　コンピューター化によるリスクを経験則によって回避すべきだ。

2　コンピューター化による効率重視の風潮を改めるべきだ。

3　手によってなされる仕事の伝統を守っていくべきだ。

4　手によってなされる仕事の価値を再認識すべきだ。

問題13 右のページは、大森大学の図書館のホームページに書かれたサービスの案内である。下の問いに対する答えとして最もよいものを、1・2・3・4から一つ選びなさい。

69 大森大学の学生のリンさんは、明日中に借りたい本がある。明日行ける図書館の中では、以下の4館が所蔵していることがわかったので、メモをした。リンさんが本を借りられるのは、次の方法のうちどれか。

```
          リンさんのメモ

                         協定加盟
    長島大学図書館          あり
    あおば大学図書館        あり
    中山工業大学図書館      あり
    さくら大学図書館        なし
```

1　学生証を持参して、長島大学図書館に行く。
2　今から紹介状を申請し、それを持参して、あおば大学図書館に行く。
3　学生証を持参して、中山工業大学図書館に行く。
4　今から紹介状を申請し、それを持参して、さくら大学図書館に行く。

70 大森大学の学生のロイさんは利用したい資料があるが、大森大学にはなかった。他大学に行く時間がないため、複写依頼か資料借用のサービスを利用しようと考えている。ロイさんが注意しなければならないこととして合っているのは、次のどれか。

1　複写依頼は、資料を所蔵する大学のホームページから行わなければならない。
2　複写依頼は、一度に2件以上まとめて申し込むことはできない。
3　資料の借用に必要な送料は、半額を自身が負担しなければならない。
4　借用した資料は、大森大学図書館内で閲覧しなければならない。

大森大学図書館

他大学の図書館の資料の利用について

利用したい資料が本学にない場合、他大学の図書館の資料を利用できます。

① 他大学の図書館に行く

①—A 相互利用協定校を利用する

相互利用協定に加盟している図書館は、学生証の提示のみで、利用することができます。図書館によって、受けられるサービスが異なりますので、下記一覧を参照してください。

協定に加盟している図書館の一覧

	閲覧	貸出
みはま大学図書館	可	可
長島大学図書館	可	可
あおば大学図書館	可	不可
中山工業大学図書館	可	不可

①—B 相互利用協定校以外を利用する

本学図書館が発行する紹介状を持参すれば、相互利用協定校以外の図書館にも入館できます。受けられるサービスについては、各図書館に問い合わせてください。
紹介状の発行は、所定の申込書に記入し本学図書館受付で申し込んでください。

注意：利用時は、必ず学生証と紹介状を持参してください。
紹介状の発行は無料ですが、発行まで約5日かかります。

② 他大学の図書館に複写を依頼し、取り寄せる

本学図書館が他大学の図書館に複写を依頼し、取り寄せることができます。
申し込みは、本学図書館受付、または本学図書館ホームページ上で行ってください。

注意：資料の複写料金、送料などは全額利用者負担となります。
一度に依頼できる件数は5件までです。

③ 他大学の図書館から借用した資料を見る

本学図書館が他大学の図書館から資料を一定の期間借用し、その資料を本学図書館内にて閲覧することができます。
申し込みは、本学図書館受付で行ってください。

注意：資料の往復送料などは全額利用者負担となります。
本学図書館内での閲覧に限ります。貸出はできません。
借用可能な資料は、一人一点限りとなります。

Listening

問題用紙

N1
聴解
（60分）

注意 Notes

1. 試験が始まるまで、この問題用紙を開けないでください。
   Do not open this question booklet until the test begins.

2. この問題用紙を持って帰ることはできません。
   Do not take this question booklet with you after the test.

3. 受験番号と名前を下の欄に、受験票と同じように書いてください。
   Write your examinee registration number and name clearly in each box below as written on your test voucher.

4. この問題用紙は、全部で13ページあります。
   This question booklet has 13 pages.

5. この問題用紙にメモをとってもかまいません。
   You may make notes in this question booklet.

受験番号 Examinee Registration Number

名前 Name

問題1

問題1では、まず質問を聞いてください。それから話を聞いて、問題用紙の1から4の中から、最もよいものを一つ選んでください。

例

1 企画書を見せる
2 製品の説明を書き直す
3 データを新しくする
4 パソコンを準備する

1番

1 商品を補充する
2 さくら店に商品を送る
3 ダイレクトメールの発送の準備をする
4 店で使用するかざりを作る

2番

1 体験者のビデオを見る
2 先生にすいせんじょうを依頼する
3 保険の加入手続きをする
4 指定科目の成績をかくにんする

3番

1 見積もりの合計金額を見直す
2 見積もり金額の内訳を詳しく書く
3 バスが確保できたかかくにんする
4 見積書の有効期限を書く

4番

1 企画書を修正する
2 出張の資料を作成する
3 店の予約をキャンセルする
4 会食に使う店を探す

5番

1 研修期間を長くする
2 店の経営理念を伝える
3 時給を上げる
4 業務のしゅうじゅくどを評価する

6番

1 投書らんを設ける
2 政策関連の記事に図を用いる
3 イベント情報の記事を増やす
4 子育て関連の記事を増やす

もんだい
問題2

問題2では、まず質問を聞いてください。そのあと、問題用紙のせんたくしを読んでください。読む時間があります。それから話を聞いて、問題用紙の1から4の中から、最もよいものを一つ選んでください。

例

1 昨日までに資料を渡さなかったから
2 飲み会で飲みすぎて寝てしまったから
3 飲み会に資料を持っていったから
4 資料をなくしてしまったから

1番

1 料理が冷めにくいから
2 丈夫で長持ちするから
3 安くて見た目がはなやかだから
4 いろいろな調理に使えるから

2番

1 上司が応募を快く思わないこと
2 新しい部署に採用される可能性が低いこと
3 商品開発の仕事の経験がないこと
4 不採用だったら今の部署にいづらくなること

3番

1 ほかの学校に転校したこと
2 友達が迎えに来てくれたこと
3 先生が相談に乗ってくれたこと
4 同じ経験をもつ人と話せたこと

4番

1 世界初のロボットの誕生
2 ロボットの定義づけ
3 ロボットの社会的使命
4 ロボット製作に必要な情報処理

5番

1 集落のいせきとして国内最古のものであること
2 国内のいせきの中で規模が最も大きいこと
3 高度な技術で作った道具が見つかったこと
4 食料として作物を育てていたことがわかったこと

6番

1 安全性を確保した通学路にすること
2 防犯のために街灯の数を増やすこと
3 住民が交流できる施設を建てること
4 災害時の避難場所を作ること

7番

1 政治に関心をもたない人が増えたから
2 候補者間の主張の違いが不明確だったから
3 現職の知事の勝利が確実だったから
4 投票の時期が年末で忙しい人が多かったから

もんだい
問題3

問題3では、問題用紙に何も印刷されていません。この問題は、全体としてどんな内容かを聞く問題です。話の前に質問はありません。まず話を聞いてください。それから、質問とせんたくしを聞いて、1から4の中から、最もよいものを一つ選んでください。

― メモ ―

問題4

問題4では、問題用紙に何も印刷されていません。まず文を聞いてください。それから、それに対する返事を聞いて、1から3の中から、最もよいものを一つ選んでください。

― メモ ―

もんだい
問題5

問題5では、長めの話を聞きます。この問題には練習はありません。
問題用紙にメモをとってもかまいません。

1番、2番

問題用紙に何も印刷されていません。まず話を聞いてください。それから、質問とせんたくしを聞いて、1から4の中から、最もよいものを一つ選んでください。

— メモ —

3番

まず話を聞いてください。それから、二つの質問を聞いて、それぞれ問題用紙の1から4の中から、最もよいものを一つ選んでください。

質問1
1 富田美術館
2 アーク美術館
3 秋山美術館
4 ポニー美術館

質問2
1 富田美術館
2 アーク美術館
3 秋山美術館
4 ポニー美術館

日本語能力試験 解答用紙

N1 言語知識（文字・語彙・文法）・読解

受験番号 Examinee Registration Number	

名前 Name	

〈ちゅうい Notes〉

1. くろいえんぴつ（HB、No.2）でかいてください。
   Use a black medium soft (HB or No.2) pencil.
   （ペンやボールペンではかかないでください。）
   (Do not use any kind of pen.)
2. かきなおすときは、けしゴムできれいにけしてください。
   Erase any unintended marks completely.
3. きたなくしたり、おったりしないでください。
   Do not soil or bend this sheet.
4. マークれい Marking Examples

よいれい Correct Example	わるいれい Incorrect Examples
●	⊗ ◯ ◯ ◯ ◯ ◯ ◯

問題 1				
1	①	②	③	④
2	①	②	③	④
3	①	②	③	④
4	①	②	③	④
5	①	②	③	④
6	①	②	③	④
問題 2				
7	①	②	③	④
8	①	②	③	④
9	①	②	③	④
10	①	②	③	④
11	①	②	③	④
12	①	②	③	④
13	①	②	③	④
問題 3				
14	①	②	③	④
15	①	②	③	④
16	①	②	③	④
17	①	②	③	④
18	①	②	③	④
19	①	②	③	④
問題 4				
20	①	②	③	④
21	①	②	③	④
22	①	②	③	④
23	①	②	③	④
24	①	②	③	④
25	①	②	③	④

問題 5				
26	①	②	③	④
27	①	②	③	④
28	①	②	③	④
29	①	②	③	④
30	①	②	③	④
31	①	②	③	④
32	①	②	③	④
33	①	②	③	④
34	①	②	③	④
35	①	②	③	④
問題 6				
36	①	②	③	④
37	①	②	③	④
38	①	②	③	④
39	①	②	③	④
40	①	②	③	④
問題 7				
41	①	②	③	④
42	①	②	③	④
43	①	②	③	④
44	①	②	③	④
45	①	②	③	④
問題 8				
46	①	②	③	④
47	①	②	③	④
48	①	②	③	④
49	①	②	③	④

問題 9				
50	①	②	③	④
51	①	②	③	④
52	①	②	③	④
53	①	②	③	④
54	①	②	③	④
55	①	②	③	④
56	①	②	③	④
57	①	②	③	④
58	①	②	③	④
問題 10				
59	①	②	③	④
60	①	②	③	④
61	①	②	③	④
62	①	②	③	④
問題 11				
63	①	②	③	④
64	①	②	③	④
問題 12				
65	①	②	③	④
66	①	②	③	④
67	①	②	③	④
68	①	②	③	④
問題 13				
69	①	②	③	④
70	①	②	③	④

日本語能力試験 解答用紙

N1 聴解

受験番号 Examinee Registration Number

名前 Name

問題1

	①	②	③	④
例	①	②	●	④
1	①	②	③	④
2	①	②	③	④
3	①	②	③	④
4	①	②	③	④
5	①	②	③	④
6	①	②	③	④

問題2

	①	②	③	④
例	①	②	●	④
1	①	②	③	④
2	①	②	③	④
3	①	②	③	④
4	①	②	③	④
5	①	②	③	④
6	①	②	③	④
7	①	②	③	④

問題3

	①	②	③	④
例	①	②	●	④
1	①	②	③	④
2	①	②	③	④
3	①	②	③	④
4	①	②	③	④
5	①	②	③	④
6	①	②	③	④

問題4

	①	②	③
例	①	②	●
1	①	②	③
2	①	②	③
3	①	②	③
4	①	②	③
5	①	②	③
6	①	②	③
7	①	②	③
8	①	②	③
9	①	②	③
10	①	②	③
11	①	②	③
12	①	②	③
13	①	②	③
14	①	②	③

問題5

	①	②	③	④
1	①	②	③	④
2	①	②	③	④
3 (1)	①	②	③	④
3 (2)	①	②	③	④

〈ちゅうい Notes〉
1. くろいえんぴつ（HB、No.2）でかいてください。
   Use a black medium soft (HB or No.2) pencil.
   （ペンやボールペンではかかないでください。）
   (Do not use any kind of pen.)
2. かきなおすときは、けしゴムできれいにけしてください。
   Erase any unintended marks completely.
3. きたなくしたり、おったりしないでください。
   Do not soil or bend this sheet.
4. マークれい Marking Examples

よいれい Correct Example	わるいれい Incorrect Examples
●	⊘ ⊖ ① ◐ ◑ ○

正答表と聴解スクリプト

2

正答表

● 言語知識（文字・語彙・文法）・読解

問題1

1	2	3	4	5	6
1	2	3	1	4	2

問題2

7	8	9	10	11	12	13
2	1	3	1	2	4	4

問題3

14	15	16	17	18	19
4	1	4	3	2	3

問題4

20	21	22	23	24	25
1	4	3	2	1	3

問題5

26	27	28	29	30	31	32	33	34	35
4	2	3	1	3	3	4	2	1	4

問題6

36	37	38	39	40
2	1	4	3	2

問題7

41	42	43	44	45
2	1	1	3	4

問題8

46	47	48	49
3	2	3	1

問題9

50	51	52	53	54	55	56	57	58
3	4	2	2	1	4	2	3	3

問題10

59	60	61	62
4	2	1	2

正答表

問題11

63	64
3	3

問題12

65	66	67	68
2	1	4	4

問題13

69	70
1	4

● 聴解

問題1

例	1	2	3	4	5	6
3	1	4	2	1	2	2

問題2

例	1	2	3	4	5	6	7
3	2	4	4	3	4	1	2

問題3

例	1	2	3	4	5	6
2	2	4	3	3	1	2

問題4

例	1	2	3	4	5	6	7	8	9	10
3	2	3	2	3	1	3	3	2	1	2

11	12	13	14
3	1	2	3

問題5

1	2	3	
		(1)	(2)
2	2	1	2

聴解スクリプト

（M：男性　F：女性）

問題1

例

女の人が新しい製品の企画書について男の人と話しています。女の人はこのあと何をしなければなりませんか。

F：課長、明日の会議の企画書、見ていただけたでしょうか。
M：うん、分かりやすくできあがってるね。
F：あ、ありがとうございます。ただ、実は製品の説明がちょっと弱いかなって気になってるんですが。
M：うーん、そうだね。でもまあ、この部分はいいかな。で、ええと、この11ページのグラフ、これ、随分前のだね。
F：あ、すみません。
M：じゃ、そのグラフは替えて。あ、それから、会議室のパソコンやマイクの準備はできてる？
F：あ、そちらは大丈夫です。

女の人はこのあと何をしなければなりませんか。

1番

洋服の店で店長と女の店員が話しています。女の店員はまず何をしますか。

M：森さん、僕、これからちょっと出掛けないといけないんだ。その間、店のほうよろしくね。
F：はい。
M：今お客さん少ないから、接客のほうは斉藤さんに任せて、森さんは売れた分商品を倉庫から持ってきて、売り場に並べて。
F：分かりました。
M：あ、その前にさくら店に送ることになっている商品をいつものように送っといてくれる？
F：はい、それなら、さっきしておきました。

M:ああ、ありがとう。あと、手が空いたら、ダイレクトメールの発送の準備もよろしくね。
F:はい、今度のバーゲンのですね。あ、それで思い出しました。バーゲンのときに店で使う飾りはまだ作らなくていいですか。
M:うん、それも急いで進めないと、まずいんだ。僕が戻ってきてから指示するから、すぐ取り掛かろう。じゃ、行ってくるよ。
F:分かりました。

女の店員はまず何をしますか。

2番

大学の就職支援センターで男の学生と職員が話しています。男の学生はこのあとまず何をしますか。

M:すみません、インターンシップに参加したいんですけど。
F:そうですか。インターンシップのイメージをつかんでもらうために、申し込む前に先輩たちの体験談のビデオを見ることをお勧めしているんですけど。
M:はい、それは一通り。それで、川本貿易という会社に申し込みたいんですが。
F:はい。
M:あのう、指導教員の推薦状とかって必要なんですか。
F:はい。実際の業務をするんで、保険にも加入する必要があります。
M:そうですか。
F:あと、「グローバル経営」という科目はもう取りましたか。この科目の成績がよくないと申し込めないんですよ。成績が「優」か「良」であることが申し込みの条件になってます。
M:ああ、その科目、去年単位は取得していて、確か「良」だったと思うんですが、どうだったかな。うちに帰れば分かるんですけど。
F:じゃ、それを確かめることからですね。申し込みの締め切り自体はまだ先なんで、書類や具体的な手続きといったことはそれからで。
M:はい、ありがとうございました。

男の学生は、このあとまず何をしますか。

3番

旅行会社で女の人と課長が見積書について話しています。女の人はこのあとまず何をしなければなりませんか。

F：課長、海山産業の社員旅行の見積もりを作成したので、ちょっと目を通していただけないでしょうか。

M：いいよ。うーん、見積もりの合計金額は、まあ、妥当な線かな。これでよさそうだね。でも、金額の提示が大雑把っていうか、情報不足というか、分かりにくいね。

F：とおっしゃいますと？

M：何にいくらかかるかというところをもう少し細かく書かないと、先方も検討のしようがないんじゃない？

F：はい。

M：それから、バスは2台ってなってるけど、確保できてる？ 見積もりを出す以上は、当日移動手段がなかったなんてわけにはいかないからね。

F：バス会社のほうからは可能との報告を受けております。

M：そう。仮予約取れてるなら安心だね。あ、見積もりの有効期限、抜けてるよ。

F：あ、すみません。最終的に、部長の決裁をいただいてからと思っていましたが。

M：そうか。じゃ、差し当たりさっきの点だけ直しといて。

女の人はこのあとまず何をしなければなりませんか。

4番

会社で女の人と男の人が話しています。男の人はまず何をしなければなりませんか。

F：林さん、企画書、確認したよ。明日、大山商事の中田部長との打ち合わせで使うやつ。直してほしいところ、メモしておいたから、修正してくれる？

M：あの、今、来週の出張のための資料を作ってるんですけど、そのあとでも大丈夫ですか。あと1時間ほどで終わる見込みなんですけど。

F：今10時か。30分ぐらいで済むと思うから、先にお願いできる？ 私、1時間後に出ちゃうから、その前に最終チェックしておきたいんだ。

M：はい。

F：あと、打ち合わせのあとに予定している中田部長との会食の場所なんだけど、いつもの焼肉屋、予約しちゃったよね。

M：はい。

F：そっか。申し訳ないんだけど、予約のキャンセルお願いできる？ 実は中田部長、最近健康を気にして、油っぽいものは控えてるんだって。さっき電話でそんな話聞いて。

M：そうですか。

F：修正が終わったらでいいから。

M：分かりました。
F：あ、お店探すのは、ほかの人に頼むから。林さんはとりあえずキャンセルをよろしく。

男の人はまず何をしなければなりませんか。

5番
飲食店の男の経営者と経営の専門家が話しています。男の経営者はこのあとアルバイトの人に対して新たに何をしますか。

M：短期間でアルバイトを辞めてしまう人が多いんです。何とか定着を図りたいんですが。
F：そうですね、仕事に慣れない、人間関係が築けないということで辞めてしまうことが多いようですよ。ですから、職場の環境に早くなじめるよう、新しい人が入ったら、期間を設けて研修することが大切です。
M：はい。今、研修期間は三日間ですが、時間が十分ではありません。期間を長くしたほうがいいでしょうか。
F：それは個々の状況に合わせるのがいいので、無理には。それより、どんな店にしていきたいかなど、経営に対する経営者の根本的な考えについて話す時間を設けることが必要ですよ。
M：そうですか。
F：そうすることで、共通理解ができて連帯感も生まれますから。
M：なるほど。研修の時間は限られますが、その中でうまく時間をやりくりしたいと思います。あと、やっぱり時給も影響がありますよね。
F：時給が高いに越したことはないですが、必ずしもそれが仕事を辞める原因となるわけではないんですよ。あとは、仕事の作業項目ごとに習熟度を定期的に評価して、アルバイトの人自身が成長を実感できるようにするとモチベーションが上がっていいですよ。
M：はい、それは以前から取り組んでいます。では、アドバイスいただいた点、早速やってみます。

男の経営者はこのあとアルバイトの人に対して新たに何をしますか。

6番
市役所で男の職員と女の職員が市の広報誌について話しています。女の職員は次の号の広報誌をどのように改善しますか。

M：先日行った市の広報誌に関するアンケート結果が出たから、次の号から反映できることは反映して、紙面を改善しようと思うんだ。

F：はい。
M：投書欄を設けてほしいっていう要望が多かったから、早急に対応したいんだけど、いつから始められるかな。
F：ええと、次の号の紙面はすでに割り振ってしまったので、市からのお知らせを掲載する欄で投書を募るとして、その次からなら投書欄を設けることができます。
M：じゃ、それでよろしく。それから、政策を紹介する記事が分かりにくいという意見も多かったんだ。
F：そうですか。昨年から、イベント情報の記事を増やしたので、政策関連の記事に割ける紙面の割合がやや少なくなっています。そのせいでしょうか。
M：分量というより、グラフやイラストなど視覚的な説明がなくて、分かりにくいってことなんだよ。イベント情報は、いちばんよく読まれてるって結果だったから、イベント情報を増やしたことはいいと思う。それはそのままで。それより、その分かりにくいってとこを見直して。
F：はい。次の号からやってみます。
M：うん。あと、子育て関連の記事は参考になっていいってことだから、これまでどおり取り上げていこう。
F：はい。

女の職員は次の号の広報誌をどのように改善しますか。

問題2

例

大学で男の学生と女の学生が話しています。この男の学生は先生がどうして怒ったと言っていますか。

M：ああ、先生を怒らせちゃったみたいなんだよね。困ったな。
F：え、どうしたの？
M：うーん。いやそれがね、先生に頼まれた資料、昨日までに渡さなくちゃいけなかったんだけど、いろいろあって渡せなくて。
F：えー、それで怒られちゃったの？
M：うん、いや、それで怒られたっていうより、おととい、授業のあと、飲み会があってね。で、ついそれを持ってっちゃったんだけど、飲みすぎて、寝ちゃって、忘れてきちゃったんだよね。
F：え？　じゃ、なくしちゃったわけ？

M：いや、出てはきたんだけどね、うん。先生が、なんでそんな大事な資料を飲み会なんかに持っていくんだって。
F：ま、そりゃそうよね。

この男の学生は先生がどうして怒ったと言っていますか。

1番
テレビでレポーターが陶磁器の職人にインタビューをしています。職人はこの地域で作られる鍋が特に人気なのはどうしてだと言っていますか。

F：今日は陶磁器の鍋を作っている職人の青木さんにお話を伺います。土を焼いて作る陶磁器の鍋は、金属製の鍋に比べて料理が冷めにくいなど、今見直されていますが、この地域で作られる鍋は昔から人気だそうですね。
M：ええ。ご存じのように陶磁器の鍋の弱点は割れやすいことです。もともとこの地域でとれる土は強度が弱く、鍋には向いてないんですが、試行錯誤の末、海外から輸入した石を材料に加えることで、非常に強度の高い鍋を作り出すことに成功したんです。
F：なるほど。
M：親子三代、長く使えるとご愛顧いただいてます。ただ、ここ最近は海外からの製品に押されぎみで。安くて見た目が華やかな製品っていうのはやはり人気ですからね。
F：ええ。
M：競争力をつけるためにも、今後は揚げ物や蒸し焼きといったいろいろな調理に使えるよう、機能性を高めるなどより一層の工夫が必要だと考えています。

職人はこの地域で作られる鍋が特に人気なのはどうしてだと言っていますか。

2番
喫茶店で男の人と女の人が話しています。男の人は新しい部署の人材募集に応募するにあたり、何が心配だと言っていますか。

M：今度うちの会社、商品開発の新しい部署の立ち上げで、ほかの部署から広く人材を募集することになったんだ。
F：へえ。
M：いつか開発の仕事やってみたいって思ってたから、応募してみようと思って。
F：いいじゃない。頑張って。

M：うん。上司にも相談したら、思い切って受けてみろって背中押されたよ。ああ、心配なんだよな。

F：開発の仕事は人気ありそうだから、競争率高いだろうね。

M：そういうんじゃなくて。僕は開発の仕事の経験もないし、すごい自信があるわけでもないから、落ちたとしても、まあ、しかたないというか、そんなに気にはしないんだけど、落ちたとき、今の部署でこれまでと同じように過ごせるかなって。だって、新しい部署を希望するってことは、今の部署に不満があるって捉えられる可能性があるだろ？ 僕が応募したこと気づく人いるかもしれないから。

F：うーん。でも、それ、ちょっと考えすぎじゃない？

男の人は新しい部署の人材募集に応募するにあたり、何が心配だと言っていますか。

3番
テレビでアナウンサーが男の人に小学生のときの不登校の経験についてインタビューしています。男の人が学校に行けるようになったきっかけは何ですか。

F：近年、夏休みのあとで学校に行けずにそのまま不登校になってしまう児童が増えています。今日は小学校教師の佐藤先生にお話を伺います。実は、先生ご自身が小学生のとき不登校であったと。

M：はい、5年生のとき、夏休みが残り一週間なのに宿題が全然終わってなくて、焦ったものの、急にやる気がうせて、学校に行く気力がなくなってしまったんです。親は学校に原因があるんじゃないかって、転校させようとしたんですが、別にそういうことじゃないわけで。

F：無気力みたいなものですか。

M：ええ。友達もうちに迎えに来てくれましたし、先生も熱心な方で、何度も話をしに来てくれました。今でも感謝の気持ちでいっぱいです。登校には至りませんでしたけどね。

F：そうですか。

M：そんなとき、市の児童支援センターで小学生の頃不登校だった大学生と出会って。自分の気持ちを打ち明けたら理解してもらえて、何だか楽になって、6年生から戻ることができました。

F：先生はご自身のそういった体験を教育に生かそうと。

M：ええ、学校や地域で不登校の子供たちの相談に乗っています。

男の人が学校に行けるようになったきっかけは何ですか。

4番

大学工学部のロボット学概論の授業で先生が話しています。今日このあとの講義のテーマは何ですか。

M：新入生の皆さん、今日はロボット学概論の初回の講義です。えー、世界初の産業用ロボットが誕生し、半世紀が経ちますが、現在では医療、福祉などさまざまな分野で活用されています。今学期の講義は、主にロボット開発の歴史と展望についてです。講義は次回から本題に入り、ロボットの定義づけからやりますが、その前にこの初回講義では導入としてロボットの社会的使命について考えます。えー、ロボット工学を専攻する人は、機械工学、情報処理の知識や技能と勉強することが山ほどあります。この講義はそれらの基盤ともなりますので、しっかりやりましょう。

今日このあとの講義のテーマは何ですか。

5番

ラジオで専門家がある遺跡について話しています。専門家はこの遺跡の発見で、どんなことが最も重要だと言っていますか。

F：えー、昨年発見されたみどり山遺跡は、五千年ほど前の古代集落です。建物や道の跡が発掘され、その規模は過去に発見された同時期の集落よりもずっと大きく、国内最大級の大川田遺跡に次ぐものです。えー、狩猟の道具や土器も見つかり、道具を作る高度な技術がうかがえます。そして、出土した植物の種のDNA分析から、この時代にある程度の規模で農作物の栽培が行われていたことが分かりました。これまでは、五千年前というと野生の木の実や草を採集して食べていたと考えられてましたから、これは今までの常識を覆す大発見といえます。

専門家はこの遺跡の発見で、どんなことが最も重要だと言っていますか。

6番

市役所で職員と都市開発の専門家が開発案を見ながら話しています。この案の中で専門家は何について見直したほうがいいと言っていますか。

F：小林先生、先月お送りした中央地区の再開発案、見ていただけましたでしょうか。今日は率直なご意見、ご助言を賜りたいと。

M：ええ、拝見しました。十分検討された案だと思います。が、ひとつ。通学路の安全性についてですが、歩道の幅を広げるといったことだけでなく、もっと道路の見通しをよくするよう、例えば、一部電柱を撤去するとかですね、若干検討の余地があるかと。

F：ああ、はい。

M：全体的にはこの案はよく練られていて。あのう、歩道の街灯を増やすという案も防犯面の問題点が見直されていて、十分に検討がなされていると思いますし。えー、それから、住民の交流の場となる施設の新設というのが計画に盛り込まれていますが。

F：あ、はい。

M：これは災害時の避難場所としての役割も果たすということで、正直、これまでそうした施設がなかったことには若干驚きましたが、ぜひともこの機に設置すべきですね。まあ、見直したほうがいい点はさきほど申し上げたことぐらいですかね。

F：はい。その点につきましては、再検討したいと思います。

この案の中で専門家は何について見直したほうがいいと言っていますか。

7番

大学で男の学生と女の学生が選挙について話しています。男の学生は投票率が前回より下がったのはどうしてだと言っていますか。

M：先週の知事選挙、現職の知事が辛くも再選だったね。投票行った？

F：うん。行ったよ。

M：僕も行ったけど、今回の選挙は、前回と比べて随分投票率下がったみたいだね。別に政治に関心がない人が多いってわけじゃないと思うんだけど、今回は候補者3人の訴えがどれも似たり寄ったりで。あれじゃ、だれがやっても同じってみんな諦めたんだよ。

F：選挙前は現職知事の支持率低迷してたわけだし、新人候補にはチャンスだったのにね。今回は、選挙の時期も悪かったよね。投票が年末なんて。みんな忙しいのに。

M：ニュースでも年末じゃなければもっと投票率高かったはずだって言ってたけど、確か前回の選挙だって、年末だったよ。

F：そっか。じゃ、そういう問題じゃなさそうだね。

男の学生は投票率が前回より下がったのはどうしてだと言っていますか。

問題3

例
女の人が男の人に映画の感想を聞いています。

F：この間話してた映画、見に行ったんでしょ？ どうだった？

M：うん、すごく豪華だった。衣装だけじゃなくて、景色もすべて、画面の隅々までとにかくきれいだったよ。でも、ストーリーがな。主人公の気持ちになって、一緒にドキドキして見られたらもっとよかったんだけど、ちょっと単調でそこまでじゃなかったな。娯楽映画としては十分楽しめると思うけどね。

男の人は映画についてどう思っていますか。
1. 映像も美しく、話も面白い
2. 映像は美しいが、話は単調だ
3. 映像もよくないし、話も単調だ
4. 映像はよくないが、話は面白い

1番
衣服の専門学校の授業で先生が話しています。

F：皆さんは服装を決めるとき、天気や出掛ける場所だけではなく、気分で服装を選ぶこともあると思います。また、反対に、身につけた服装や小物により、1日を気分よく過ごせることもあるでしょう。実際に、高齢者が装いに変化をつけ、ファッションに気を配ることで気持ちが前向きになったという研究結果があります。また、怪我が原因で入院し、リハビリ治療が必要な患者が、治療の一環として普段とは異なる華やかな服装にしたところ、心に張りが生まれ、リハビリ意欲が増したという報告もあります。このようなことが今注目されています。

先生の話のテーマは何ですか。
1. 服装を選ぶ際の判断基準
2. おしゃれをすることが心理状態にもたらす効果
3. 高齢者のおしゃれに対する関心の高さ
4. リハビリを行いやすい服装

2番

テレビで女の人が話しています。

F：最近は、珍しい外来種の動物や虫などを飼う人も多いようです。外来種とはもともと生きていた地域から異なる地域へ人の移動に伴って運ばれてきた生き物のことを言います。このような外来種のペットを最後まで世話をしきれずに、安易に捨てる人が増えています。それらが野生化して繁殖した結果、日本固有の生き物とえさ場や住む場所をめぐって争ったり、それまでになかった病気が広がり、生態系に深刻な影響をもたらしたりしているんです。生き物は責任をもって飼い、日本固有の生き物や日本の生態系を守っていきたいものです。

女の人は何について話していますか。
1．外来種を飼う人が増えている理由
2．外来種が繁殖しやすい地域
3．外来種がもたらした病気の種類
4．外来種のペットが野生化したことによる問題

3番

テレビで博物館の人が話しています。

M：歴史博物館の館内改装に際し、力を注いだのは、当館のメインとなっている100年前の町並みを紹介するフロアです。当時の町並みを精巧に再現した模型は改装以前から展示しておりましたが、この模型にスポットライトを用いて、通りや建物、人物などを際立たせるという演出を試みました。さらに、本物らしさを追求して、色や明るさ、照らす角度に変化をもたせることにより、昼夜の変化を描いております。当時の人々の暮らしぶりに思いをはせていただけるようにできたかと思っています。

博物館の人は何について話していますか。
1．100年前の建物の特徴
2．模型を精巧に作る難しさ
3．展示物に当てる照明の工夫
4．昔の人々の暮らしを展示する目的

4番

テレビでレポーターが話しています。

M：ここ、あさひ町はぶどうの産地として知られています。おいしいぶどうと豊かな自然を求めて、観光客が数多く訪れています。また、この地は音楽家を多数輩出したことでも知られています。音楽に関係の深いこの町ですが、最近はぶどうの木にこの土地で作られた曲を聞かせているそうなんです。そもそも農作業の合間に曲を聴いていた農家の人たちが、ふと、成長が早まりはしないかと思いつき、以後続けているそうです。この方策の効果については、適度な振動が枝の成長を促進する可能性があるとのことです。心地よい音色は農作業の疲れも癒してくれそうですね。

レポーターは何について伝えていますか。
1．ぶどうの栽培に必要な条件
2．観光客を増やすための方策
3．音楽を用いたぶどうの栽培の試み
4．作業の疲れを癒すのに適した音楽

5番

ラジオで医者が話しています。

M：年を重ねるにつれて、体のさまざまなところに老化の症状が現れます。目も例外ではありません。レンズの役割をしている部分の弾力性が低下すると、この部分の厚みを変えることが難しくなり、目のピントを調節する機能が徐々に衰えます。近くのものがぼやけてみえるようになり、無理して見ようとすることで、目が疲れやすくなります。目の調節機能の衰えを止める方法はありませんが、目の筋肉を鍛え、血液の流れをよくすることで、目の疲れの症状を緩和することができます。また、目に負担をかけないためにも、必要に応じて、眼鏡をかけるなどするとよいでしょう。

医者は何について話していますか。
1．目の老化現象とその対処のしかた
2．目が疲れたときの症状
3．目の健康状態をチェックする方法
4．症状に合った眼鏡の選び方

6番

講演会で男の人が話しています。

M：私は長年さけの生態を調査、研究してきました。さけは川で生まれ、遠く離れた海で育ち、また生まれた川に帰って産卵し、その一生を終えます。川にはその川ごとの特有のにおいがあります。これまでの調査から、さけは川に帰る際、一つは、川のにおいを頼りとしていることが明らかになっています。しかし、さけは何千キロも離れた海まで移動するため、川のにおいだけを頼りにしているとは考えにくいのです。まだ明らかにされていないこともありますが、太陽の位置をもとに現在の位置を把握するなど、いくつかのことを併用していると考えられています。

男の人は主に何について話していますか。
1. さけが川から海へ移動する理由
2. さけが生まれたところに戻る方法
3. さけが好む、川のにおいの特徴
4. さけが育つ川の環境を保護する必要性

問題4

例

M：ああ、今日は、お客さんからの苦情が多くて、仕事にならなかったよ。

F：1. いい仕事、できてよかったね。
　　2. 仕事、なくて大変だったね。
　　3. お疲れさま、ゆっくり休んで。

1番

F：経理部の森田さんって、仕事のかたわら大学院に行ってるんですって。

M：1. へえ、大学の経理を担当してるの？
　　2. へえ、両立してるなんてすごいね。
　　3. へえ、会社辞めて大学院に行くんだ。

2番

M：リーさん、リーさんのレポート、結論のとこ、もっとすっきりできないものかな。

F：1．これじゃ、すっきりしすぎなんですね。
　　2．あの、できそうにないでしょうか？
　　3．もう一度見直して、修正します。

3番

M：新人の伊藤君がクレーム処理一人でやったって？　頼もしいね。

F：1．本人によく注意しておきます。
　　2．新人といってもしっかりしてますよ。
　　3．経験が足りないので、しかたありませんよね。

4番

F：ねえ、結婚式を間近に控えた今の心境はどう？

M：1．いえ、結婚やめませんよ。
　　2．素晴らしかったと思います。
　　3．もうすでに緊張してますよ。

5番

F：山本君、プレゼン聞いたよ。やるじゃない。

M：1．褒められると照れるな。
　　2．何をやるの？
　　3．やっぱりまずかったか。

6番

F：初めての会議の司会じゃあるまいし、そんなに硬くならなくても。

M：1．初めてだからってこと？
　　2．よかった。会議なくなったのか。
　　3．何回やっても慣れないんだよ。

7番
M：第一ビルの工事の見積書、作成して。前例を踏まえてね。

F：1. ああ、前回のも一緒に出すんですね。
　　2. あのう、前例はないんでしょうか。
　　3. はい、前のを参考にします。

8番
M：こないだ初めてサーフィンやったんだけど、もうやるもんかって思ったよ。

F：1. そんなに楽しかったの？
　　2. 1回でこりちゃった？
　　3. じゃ、またやるつもり？

9番
M：ねえ、さっき会議で僕が言ったこと、気に障ったんじゃない？

F：1. え、別にそんなことないよ。
　　2. え、うそだったの？　そんな。
　　3. え、よく聞こえてたけど。

10番
F：武田君、頼んだ書類の整理そっちのけで何やってるの？

M：1. もう整理、やる必要ないんですか。
　　2. あ、すみません。すぐやります。
　　3. え、そっちでやるんでしたっけ。

11番
M：リンさん、プロジェクトがうまくいった暁には、昇進だよ。

F：1. プロジェクト、うまくいったんですね。
　　2. おかげさまで昇進できました。
　　3. 必ず成功させてみせます。

12番

F：この雨じゃイベントに来てくれる方も少ないと思いきや、完全に読みが外れましたね。

M：1．うれしい誤算でしたね。
　　2．やはり雨の影響は大きかったですね。
　　3．天気予報が外れて、よかったですね。

13番

F：新年会、サッカー部の山田さん来なかったら、盛り上がらなかっただろうね。

M：1．山田さんのせいにしちゃ悪いよ。
　　2．山田さんが来てくれてよかったよね。
　　3．山田さんも参加してたんじゃない？

14番

M：昨日8歳の孫とアニメ見たんだけど、大人の鑑賞にも十分耐えるもんでしたよ。

F：1．そのアニメ、お孫さんには難しすぎたんですね。
　　2．ずっと我慢してアニメを見ていたんですか。
　　3．アニメはもはや子供のものとは言えないらしいですよ。

問題5

1番

会社で男の人と女の人が話しています。

M：中山さん、この前マッサージの店の話してたよね。パソコンの使いすぎなのか、肩の痛みに悩まされていて。会社から近いところ知らない？　定時の6時に会社を出れば間に合うところがいいんだけど。それで、行った人の感想が分かってると安心できていいな。あと、できれば料金はあまり高くないほうが。

F：そうですか。会社から10分のところに「スッキリ」という店があります。以前通ってましたが、料金も手頃ですし、元スポーツトレーナーが理論に基づいてやってます。腕も確かです。ただ、店は6時半までなんで、早退したほうが無難かもしれません。

M：中山さんが行ってたとこなら、安心だな。

聴解スクリプト

F：それから、私の友人が通っていた「さわやか堂」という店も昔からある店でいいみたいです。凝りをほぐしてもらうとき、ちょっと痛いらしいんですが、肩こりが治ったそうですよ。ここは9時半までで会社からは5分です。相場より若干高いそうですけど。

M：へえ。

F：そういえば、会社から数分のところに「山川クリニック」って病院ありますよね。行ったことはないんで、よく分かりませんが、病院は健康保険が適用されるかもしれないから、治療費は安くすむんじゃないですか。私が定時で帰るときはまだやってますよ。

M：そうか。

F：あと、会社から20分かかりますが「太陽」という店があります。リラックスできるとネットで評判がいいんです。良心的な値段ということもあって、人気みたいですよ。時間は8時までです。

M：やっぱり行った人の感想が分かってるほうがいいな。会社から近くて、定時で帰れば確実に間に合うってことを優先するか。料金のことはこの際おいといて。ありがとう。今日行ってみるよ。

男の人はどこに行くことにしましたか。

1. スッキリ
2. さわやか堂
3. 山川クリニック
4. 太陽

2番

食品の会社で上司と社員二人が話しています。

M1：3年前に発売した鶏肉の缶詰、売り上げが横ばいだから、何とかしたいんだ。何かいい案はないかな。

F：そうですね。発売直後はテレビコマーシャルのおかげで、一気に人気が出ましたよね。またやってみるっていうのはどうでしょう。人気の俳優やタレントを起用して。

M1：そうだな。みんなに知ってもらえるし、効果は絶大だろうな。

M2：ただ、うちぐらいの規模じゃ、新製品でもないのに大々的な広告は高くついて難しいんじゃないですか。有名人に出てもらうなら、なおさら。

M1：そうなんだよな。

F：じゃ、コンテストを開催するのはどうですか。うちの鶏肉の缶詰を使った料理のレシピを一般の方から公募して、結果をホームページとかに載せるんです。すでに味付けしてある

商品ですが、いろんな料理にもアレンジできることをアピールできますし、テレビコマーシャルに比べたら、経費もぐっと抑えられると思います。

M1：なるほどね。

M2：それより僕はこの際、商品自体を改善するべきだと思います。味付け、発売当初からそのままですよね。健康志向のお客様も年々増えてますし、塩分量や調味料の配合を見直してみるとかどうですか。

F：今の味付けに慣れているお客様も多いと思いますけど。

M1：そうだよな。

M2：じゃ、味のバリエーションを増やすのはどうですか。今は1種類のみですし、やってみる価値はあると思いますけど。

M1：マンネリ化を防ぐためにはいいけど、それも費用がかさみそうだしな。やっぱりコストは抑えて、料理の幅の広さを知ってもらえる方法がよさそうだな。それで進めよう。

売り上げを伸ばすために、何をすることにしましたか。
1. テレビでコマーシャルを放送する
2. レシピのコンテストを行う
3. 今ある商品の味を改善する
4. 味の種類を増やす

3番
ラジオでアナウンサーが美術展について話しています。

F1：今日は四つの美術館で現在開催されているおすすめの美術展をご紹介します。「富田美術館」では17世紀から19世紀にかけて描かれたヨーロッパの風景画展が行われています。ほとんどの作品は日本初公開の貴重なものです。19世紀に最盛期を迎えるまでの風景画の変遷を見ることができます。「アーク美術館」は再生アート展です。空き缶や使用済みのペットボトルなど、廃棄された素材を使った作品が、見る者に訴えかけてきます。「秋山美術館」は森山隆回顧展です。生誕100年を記念し、開催されます。生涯を通して、人を描くことにこだわり続けた、その足跡をたどることができます。最後は、「ポニー美術館」の体感アート展です。展示された作品を、目で見るだけでなく、聞く、触れる、嗅ぐといった体験を通して楽しむことができます。

F2：加藤くん、次の週末、一緒にどれか見に行かない？

M：うん、いいね。一人の画家の描く絵がどんなふうに変化していくのかって、面白そうじゃ

ない？
F2：私はそれよりもヨーロッパの風景画の変遷に興味あるな。日本に来るのは初めてってものも多いみたいだし、滅多に見られないだろうから、この機会に見ておきたいな。
M ：うーん、確かに見るチャンスなかなかないと思うんだけど、僕、景色だけっていうのはどうもね。
F2：そっか。じゃ、それは、私、会社の帰りにでも一人で行くことにするね。それ以外だったら、捨てられたものがどんなふうになるかっていうのも興味あるんだけど。
M ：それ、僕もメッセージ性があって面白そうって思った。じゃ、そこにする？ あ、それか、いろいろな感覚を使うってのもあるね。
F2：それも実際に触ったりできて、楽しそうなんだけど、すごく人気だって聞いたよ。週末だときっと込んでるから、それは別の機会にしない？
M ：そうだね。じゃ、決まり。週末楽しみだね。

質問1．女の人は一人でどの美術館に行きますか。

質問2．二人は、次の週末、どの美術館に一緒に行きますか。

日本語能力試験の概要

1. 日本語能力試験について
2. 日本語能力試験の特徴
3. 日本語能力試験のメリット
4. 認定の目安
5. 試験科目と試験（解答）時間
6. 試験問題の構成と大問のねらい
7. 試験科目と得点区分
8. 試験の結果
9. よくある質問

日本語能力試験の概要

日本語能力試験について

日本語能力試験は、日本語を母語としない人の日本語能力を測定し認定する試験として、国際交流基金と日本国際教育支援協会が 1984 年に開始しました。

試験は日本国内そして世界各地で、1 年に 2 回、一斉に実施しています。2017 年は、日本では 47 都道府県で、海外では 80 の国・地域の 239 都市で実施しました。

日本語能力試験の実施都市（2017 年）

文化庁の「平成 29 年度国内の日本語教育の概要」によると、国内の日本語学習者数は過去最高の約 23 万 9 千人になりました。また、国際交流基金の「2015 年度海外日本語教育機関調査」によると、海外の日本語学習者数は同年に 365 万人となっています。

日本語能力試験は、世界最大規模の日本語の試験で、2017 年には国内約 33 万人、海外約 69 万人、合計で約 102 万人が応募しました。

日本語能力試験の応募者数と実施都市数（国内、海外合計）

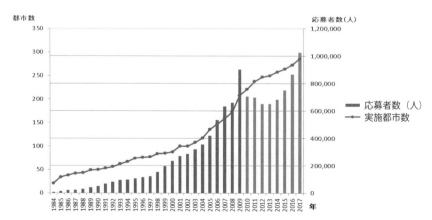

78

2 日本語能力試験の特徴

ポイント1　課題遂行のための言語コミュニケーション能力を測ります

　日本語能力試験では、①日本語の文字や語彙、文法についてどのくらい知っているか、ということだけでなく、②その知識を利用してコミュニケーション上の課題を遂行できるか、ということも大切だと考えています。私たちが生活の中で行っている様々な「課題」のうち、言語を必要とするものを遂行するためには、言語知識だけでなく、それを実際に利用する力も必要だからです。そこで、この試験では、①を測るための「言語知識」、②を測るための「読解」、「聴解」という3つの要素により、総合的に日本語のコミュニケーション能力を測っています。

　大規模試験のため、解答は選択枝[※1]によるマークシート方式で行います。話したり書いたりする能力を直接測る試験科目はありません。

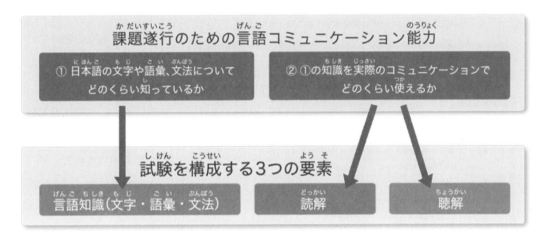

ポイント2　5段階のレベルから、自分に合ったレベルが選べます

　日本語能力試験には、5段階 (N1、N2、N3、N4、N5) のレベルがあります。できるだけきめ細かく日本語能力を測るために、試験問題はレベルごとに作られています。
　N4とN5では、主に教室内で学ぶ基本的な日本語がどのくらい理解できているかを測ります。
　N1とN2では、現実の生活の幅広い場面で使われる日本語がどのくらい理解できるかを測ります。
　N3は、N4、N5からN1、N2への橋渡しのレベルです。
　各レベルの詳しい説明は、「4 認定の目安」を見てください。

※1　本書では、日本テスト学会での使用例にしたがって、「選択肢」ではなく「選択枝」という用語を使っています。

ポイント3　尺度得点で日本語能力をより正確に測ります

　異なる時期に実施される試験では、どんなに慎重に問題を作成しても、試験の難易度が毎回多少変動します。そのため、試験の得点を「素点」（何問正解したかを計算する得点）で出すと、試験が難しかったときと易しかったときとでは、同じ能力でも違う得点になることがあります。そこで、日本語能力試験の得点は、素点ではなく、「尺度得点」を導入しています。尺度得点は「等化」という方法を用いた、いつも同じ尺度（ものさし）で測れるような得点です。

　尺度得点を利用することで、試験を受けたときの日本語能力をより正確に、公平に、得点に表すことができます。

ポイント4　「日本語能力試験 Can-do 自己評価リスト」を提供しています

　試験の得点や合否判定だけでは、実際の生活で日本語を使って具体的に何ができるのかがわかりません。そこで、日本語能力試験では、試験の結果を解釈するための参考情報として「日本語能力試験 Can-do 自己評価リスト」を提供しています。

　2010年と2011年の日本語能力試験の受験者、約65,000人に対して、「日本語でどんなことができると考えているか」についてのアンケート調査を行いました。そして、その結果を統計的に分析して、リストを作成しました。

　このリストは、受験者やまわりの方々が「このレベルの合格者は日本語を使ってどんなことができそうか」というイメージを作るための参考情報としてご活用いただくことができます。

　「日本語能力試験 Can-do 自己評価リスト」について、詳しくは日本語能力試験公式ウェブサイト<www.jlpt.jp>を見てください。

③ 日本語能力試験のメリット

日本語能力試験の認定には、学校での単位・卒業資格認定や、企業での優遇、社会的な資格認定など、さまざまなメリットがあります。

(1) 日本の出入国管理上の優遇措置を受けるためのポイントがつきます

「高度人材ポイント制による出入国管理上の優遇制度」で、日本語能力試験 N1 の合格者は 15 ポイント、N2 の合格者は 10 ポイントがつきます。ポイントの合計が 70 点以上の場合に、出入国管理上の優遇措置が与えられます。

詳しくは法務省入国管理局ホームページを見てください。

(2) 日本の医師等国家試験を受験するための条件のひとつです

海外において医師等の免許を持っている人が、日本の医師等の国家試験を受験するためには、日本語能力試験 N1 の認定が必要です。

医師等国家試験の受験資格認定について、詳しくは厚生労働省ホームページを見てください。

― 日本語能力試験 N1 が受験資格になっている、医師等国家試験 ―
医師、歯科医師、看護師、薬剤師、保健師、助産師、診療放射線技師、歯科衛生士、歯科技工士、臨床検査技師、理学療法士、作業療法士、視能訓練士、臨床工学技士、義肢装具士、救命救急士、言語聴覚士、獣医師

(3) 日本の准看護師試験を受験するための条件のひとつです

海外の看護師学校養成所を卒業した人が、日本の准看護師試験を受験するためには、日本語能力試験 N1 の認定が必要です。

准看護師試験は都道府県ごとに行われています。詳しくは受けたい都道府県に確認してください。

(4) 日本の中学校卒業程度認定試験で一部の試験科目の免除が受けられます

外国籍等の受験者の場合、日本語能力試験 N1 か N2 の合格者は、国語の試験が免除されます。

詳しくは文部科学省ホームページを見てください。

(5) EPA（経済連携協定）に基づく看護師・介護福祉士の候補者選定の条件のひとつです

　EPA（経済連携協定）に基づき、インドネシア、フィリピン、ベトナムから来日する看護師・介護福祉士の候補者は、日本語能力試験 N5 程度（インドネシア、フィリピン）または N3（ベトナム）以上の認定が必要です。

　詳しくは厚生労働省ホームページを見てください。

認定の目安

日本語能力試験にはN1、N2、N3、N4、N5の5つのレベルがあります。一番易しいレベルがN5で、一番難しいレベルがN1です。

日本語能力試験のレベル認定の目安は、下の表のように「読む」「聞く」という言語行動で表します。表には記述していませんが、それぞれの言語行動を実現するための、文字・語彙・文法などの言語知識も必要です。

レベル	認定の目安
N1	**幅広い場面で使われる日本語を理解することができる** **読む**・幅広い話題について書かれた新聞の論説、評論など、論理的にやや複雑な文章や抽象度の高い文章などを読んで、文章の構成や内容を理解することができる。 ・さまざまな話題の内容に深みのある読み物を読んで、話の流れや詳細な表現意図を理解することができる。 **聞く**・幅広い場面において自然なスピードの、まとまりのある会話やニュース、講義を聞いて、話の流れや内容、登場人物の関係や内容の論理構成などを詳細に理解したり、要旨を把握したりすることができる。
N2	**日常的な場面で使われる日本語の理解に加え、より幅広い場面で使われる日本語をある程度理解することができる** **読む**・幅広い話題について書かれた新聞や雑誌の記事・解説、平易な評論など、論旨が明快な文章を読んで文章の内容を理解することができる。 ・一般的な話題に関する読み物を読んで、話の流れや表現意図を理解することができる。 **聞く**・日常的な場面に加えて幅広い場面で、自然に近いスピードの、まとまりのある会話やニュースを聞いて、話の流れや内容、登場人物の関係を理解したり、要旨を把握したりすることができる。
N3	**日常的な場面で使われる日本語をある程度理解することができる** **読む**・日常的な話題について書かれた具体的な内容を表す文章を、読んで理解することができる。 ・新聞の見出しなどから情報の概要をつかむことができる。 ・日常的な場面で目にする難易度がやや高い文章は、言い換え表現が与えられれば、要旨を理解することができる。 **聞く**・日常的な場面で、やや自然に近いスピードのまとまりのある会話を聞いて、話の具体的な内容を登場人物の関係などとあわせてほぼ理解できる。
N4	**基本的な日本語を理解することができる** **読む**・基本的な語彙や漢字を使って書かれた日常生活の中でも身近な話題の文章を、読んで理解することができる。 **聞く**・日常的な場面で、ややゆっくりと話される会話であれば、内容がほぼ理解できる。
N5	**基本的な日本語をある程度理解することができる** **読む**・ひらがなやカタカナ、日常生活で用いられる基本的な漢字で書かれた定型的な語句や文、文章を読んで理解することができる。 **聞く**・教室や、身の回りなど、日常生活の中でもよく出会う場面で、ゆっくり話される短い会話であれば、必要な情報を聞き取ることができる。

むずかしい ← → やさしい

83

試験科目と試験(解答)時間

N1とN2の試験科目は「言語知識(文字・語彙・文法)・読解」と「聴解」の2科目です。

N3、N4、N5の試験科目は「言語知識(文字・語彙)」「言語知識(文法)・読解」「聴解」の3科目です。

各レベルの試験科目と試験(解答)時間は下のとおりです。

レベル	試験科目 (試験[解答]時間)		
N1	言語知識(文字・語彙・文法)・読解 (110分)		聴解 (60分)
N2	言語知識(文字・語彙・文法)・読解 (105分)		聴解 (50分)
N3	言語知識(文字・語彙) (30分)	言語知識(文法)・読解 (70分)	聴解 (40分)
N4	言語知識(文字・語彙) (30分)	言語知識(文法)・読解 (60分)	聴解 (35分)
N5	言語知識(文字・語彙) (25分)	言語知識(文法)・読解 (50分)	聴解 (30分)

※実際の試験では試験(解答)時間に加えて試験の説明時間があります。
※試験(解答)時間は変更される場合があります。また「聴解」は、試験問題の録音の長さによって試験(解答)時間が多少変わります。

6 試験問題の構成と大問のねらい

各試験科目で出題する問題を、測ろうとしている能力ごとにまとめたものを「大問」と呼びます。各大問には、複数の小問が含まれます。また、レベルごとに大問のねらいを定めています。

試験問題の構成

試験科目		大問	N1	N2	N3	N4	N5
言語知識・読解	文字・語彙	漢字読み	○	○	○	○	○
		表記	―	○	○	○	○
		語形成	―	○	―	―	―
		文脈規定	○	○	○	○	○
		言い換え類義	○	○	○	○	○
		用法	○	○	○	○	―
	文法	文の文法1(文法形式の判断)	○	○	○	○	○
		文の文法2(文の組み立て)	○	○	○	○	○
		文章の文法	○	○	○	○	○
	読解	内容理解(短文)	○	○	○	○	○
		内容理解(中文)	○	○	○	○	○
		内容理解(長文)	○	―	○	―	―
		統合理解	○	○	―	―	―
		主張理解(長文)	○	○	―	―	―
		情報検索	○	○	○	○	○
聴解		課題理解	○	○	○	○	○
		ポイント理解	○	○	○	○	○
		概要理解	○	○	○	―	―
		発話表現	―	―	○	○	○
		即時応答	○	○	○	○	○
		統合理解	○	○	―	―	―

N1 大問のねらい

試験科目 (試験[解答]時間)			問題の構成	
			大問	ねらい
言語知識 ・ 読解 (110分)	文字・語彙	1	漢字読み	漢字で書かれた語の読み方を問う
		2	文脈規定	文脈によって意味的に規定される語が何であるかを問う
		3	言い換え類義	出題される語や表現と意味的に近い語や表現を問う
		4	用法	出題語が文の中でどのように使われるのかを問う
	文法	5	文の文法1 (文法形式の判断)	文の内容に合った文法形式かどうかを判断することができるかを問う
		6	文の文法2 (文の組み立て)	統語的に正しく、かつ、意味が通る文を組み立てることができるかを問う
		7	文章の文法	文章の流れに合った文かどうかを判断することができるかを問う
	読解	8	内容理解(短文)	生活・仕事などいろいろな話題も含め、説明文や指示文など200字程度のテキストを読んで、内容が理解できるかを問う
		9	内容理解(中文)	評論、解説、エッセイなど500字程度のテキストを読んで、因果関係や理由などが理解できるかを問う
		10	内容理解(長文)	解説、エッセイ、小説など1,000字程度のテキストを読んで、概要や筆者の考えなどが理解できるかを問う
		11	統合理解	複数のテキスト(合計600字程度)を読み比べて、比較・統合しながら理解できるかを問う
		12	主張理解(長文)	社説、評論など抽象性・論理性のある1,000字程度のテキストを読んで、全体として伝えようとしている主張や意見がつかめるかを問う
		13	情報検索	広告、パンフレット、情報誌、ビジネス文書などの情報素材(700字程度)の中から必要な情報を探し出すことができるかを問う
聴解 (60分)		1	課題理解	まとまりのあるテキストを聞いて、内容が理解できるかどうかを問う(具体的な課題解決に必要な情報を聞き取り、次に何をするのが適当か理解できるかを問う)
		2	ポイント理解	まとまりのあるテキストを聞いて、内容が理解できるかどうかを問う(事前に示されている聞くべきことをふまえ、ポイントを絞って聞くことができるかを問う)
		3	概要理解	まとまりのあるテキストを聞いて、内容が理解できるかどうかを問う(テキスト全体から話者の意図や主張などが理解できるかを問う)
		4	即時応答	質問などの短い発話を聞いて、適切な応答が選択できるかを問う
		5	統合理解	長めのテキストを聞いて、複数の情報を比較・統合しながら、内容が理解できるかを問う

N2 大問のねらい

試験科目 (試験[解答]時間)	問題の構成		
		大問	ねらい
言語知識 ・ 読解 (105分)	文字・語彙	1 漢字読み	漢字で書かれた語の読み方を問う
		2 表記	ひらがなで書かれた語が、漢字でどのように書かれるかを問う
		3 語形成	派生語や複合語の知識を問う
		4 文脈規定	文脈によって意味的に規定される語が何であるかを問う
		5 言い換え類義	出題される語や表現と意味的に近い語や表現を問う
		6 用法	出題語が文の中でどのように使われるのかを問う
	文法	7 文の文法1 （文法形式の判断）	文の内容に合った文法形式かどうかを判断することができるかを問う
		8 文の文法2 （文の組み立て）	統語的に正しく、かつ、意味が通る文を組み立てることができるかを問う
		9 文章の文法	文章の流れに合った文かどうかを判断することができるかを問う
	読解	10 内容理解（短文）	生活・仕事などいろいろな話題も含め、説明文や指示文など200字程度のテキストを読んで、内容が理解できるかを問う
		11 内容理解（中文）	比較的平易な内容の評論、解説、エッセイなど500字程度のテキストを読んで、因果関係や理由、概要や筆者の考え方などが理解できるかを問う
		12 統合理解	比較的平易な内容の複数のテキスト（合計600字程度）を読み比べて、比較・統合しながら理解できるかを問う
		13 主張理解（長文）	論理展開が比較的明快な評論など、900字程度のテキストを読んで、全体として伝えようとしている主張や意見がつかめるかを問う
		14 情報検索	広告、パンフレット、情報誌、ビジネス文書などの情報素材（700字程度）の中から必要な情報を探し出すことができるかを問う
聴解 (50分)		1 課題理解	まとまりのあるテキストを聞いて、内容が理解できるかどうかを問う（具体的な課題解決に必要な情報を聞き取り、次に何をするのが適当か理解できるかを問う）
		2 ポイント理解	まとまりのあるテキストを聞いて、内容が理解できるかどうかを問う（事前に示されている聞くべきことをふまえ、ポイントを絞って聞くことができるかを問う）
		3 概要理解	まとまりのあるテキストを聞いて、内容が理解できるかどうかを問う（テキスト全体から話者の意図や主張などが理解できるかを問う）
		4 即時応答	質問などの短い発話を聞いて、適切な応答が選択できるかを問う
		5 統合理解	長めのテキストを聞いて、複数の情報を比較・統合しながら、内容が理解できるかを問う

N3 大問のねらい

試験科目 (試験[解答]時間)			問題の構成	
			大問	ねらい
言語知識 (30分)	文字・語彙	1	漢字読み	漢字で書かれた語の読み方を問う
		2	表記	ひらがなで書かれた語が、漢字でどのように書かれるかを問う
		3	文脈規定	文脈によって意味的に規定される語が何であるかを問う
		4	言い換え類義	出題される語や表現と意味的に近い語や表現を問う
		5	用法	出題語が文の中でどのように使われるのかを問う
言語知識・読解 (70分)	文法	1	文の文法1 (文法形式の判断)	文の内容に合った文法形式かどうかを判断することができるかを問う
		2	文の文法2 (文の組み立て)	統語的に正しく、かつ、意味が通る文を組み立てることができるかを問う
		3	文章の文法	文章の流れに合った文かどうかを判断することができるかを問う
	読解	4	内容理解(短文)	生活・仕事などいろいろな話題も含め、説明文や指示文など150〜200字程度の書き下ろしのテキストを読んで、内容が理解できるかを問う
		5	内容理解(中文)	書き下ろした解説、エッセイなど350字程度のテキストを読んで、キーワードや因果関係などが理解できるかを問う
		6	内容理解(長文)	解説、エッセイ、手紙など550字程度のテキストを読んで、概要や論理の展開などが理解できるかを問う
		7	情報検索	広告、パンフレットなどの書き下ろした情報素材(600字程度)の中から必要な情報を探し出すことができるかを問う
聴解 (40分)		1	課題理解	まとまりのあるテキストを聞いて、内容が理解できるかどうかを問う(具体的な課題解決に必要な情報を聞き取り、次に何をするのが適当か理解できるかを問う)
		2	ポイント理解	まとまりのあるテキストを聞いて、内容が理解できるかどうかを問う(事前に示されている聞くべきことをふまえ、ポイントを絞って聞くことができるかを問う)
		3	概要理解	まとまりのあるテキストを聞いて、内容が理解できるかどうかを問う(テキスト全体から話者の意図や主張などが理解できるかを問う)
		4	発話表現	イラストを見ながら、状況説明を聞いて、適切な発話が選択できるかを問う
		5	即時応答	質問などの短い発話を聞いて、適切な応答が選択できるかを問う

N4 大問のねらい

試験科目 (試験[解答]時間)			問題の構成	
			大問	ねらい
言語知識 (30分)	文字・語彙	1	漢字読み	漢字で書かれた語の読み方を問う
		2	表記	ひらがなで書かれた語が、漢字でどのように書かれるかを問う
		3	文脈規定	文脈によって意味的に規定される語が何であるかを問う
		4	言い換え類義	出題される語や表現と意味的に近い語や表現を問う
		5	用法	出題語が文の中でどのように使われるのかを問う
言語知識・読解 (60分)	文法	1	文の文法1 (文法形式の判断)	文の内容に合った文法形式かどうかを判断することができるかを問う
		2	文の文法2 (文の組み立て)	統語的に正しく、かつ、意味が通る文を組み立てることができるかを問う
		3	文章の文法	文章の流れに合った文かどうかを判断することができるかを問う
	読解	4	内容理解（短文）	学習・生活・仕事に関連した話題・場面の、やさしく書き下ろした100〜200字程度のテキストを読んで、内容が理解できるかを問う
		5	内容理解（中文）	日常的な話題・場面を題材にやさしく書き下ろした450字程度のテキストを読んで、内容が理解できるかを問う
		6	情報検索	案内やお知らせなど書き下ろした400字程度の情報素材の中から必要な情報を探し出すことができるかを問う
聴解 (35分)		1	課題理解	まとまりのあるテキストを聞いて、内容が理解できるかどうかを問う（具体的な課題解決に必要な情報を聞き取り、次に何をするのが適当か理解できるかを問う）
		2	ポイント理解	まとまりのあるテキストを聞いて、内容が理解できるかどうかを問う（事前に示されている聞くべきことをふまえ、ポイントを絞って聞くことができるかを問う）
		3	発話表現	イラストを見ながら、状況説明を聞いて、適切な発話が選択できるかを問う
		4	即時応答	質問などの短い発話を聞いて、適切な応答が選択できるかを問う

N5 大問のねらい

試験科目 (試験[解答]時間)		問題の構成		
			大問	ねらい
言語知識 (25分)	文字・語彙	1	漢字読み	漢字で書かれた語の読み方を問う
		2	表記	ひらがなで書かれた語が、漢字・カタカナでどのように書かれるかを問う
		3	文脈規定	文脈によって意味的に規定される語が何であるかを問う
		4	言い換え類義	出題される語や表現と意味的に近い語や表現を問う
言語知識・読解 (50分)	文法	1	文の文法1 (文法形式の判断)	文の内容に合った文法形式かどうかを判断することができるかを問う
		2	文の文法2 (文の組み立て)	統語的に正しく、かつ、意味が通る文を組み立てることができるかを問う
		3	文章の文法	文章の流れに合った文かどうかを判断することができるかを問う
	読解	4	内容理解 (短文)	学習・生活・仕事に関連した話題・場面の、やさしく書き下ろした80字程度のテキストを読んで、内容が理解できるかを問う
		5	内容理解 (中文)	日常的な話題・場面を題材にやさしく書き下ろした250字程度のテキストを読んで、内容が理解できるかを問う
		6	情報検索	案内やお知らせなど書き下ろした250字程度の情報素材の中から必要な情報を探し出すことができるかを問う
聴解 (30分)		1	課題理解	まとまりのあるテキストを聞いて、内容が理解できるかどうかを問う（具体的な課題解決に必要な情報を聞き取り、次に何をするのが適当か理解できるかを問う）
		2	ポイント理解	まとまりのあるテキストを聞いて、内容が理解できるかどうかを問う（事前に示されている聞くべきことをふまえ、ポイントを絞って聞くことができるかを問う）
		3	発話表現	イラストを見ながら、状況説明を聞いて、適切な発話が選択できるかを問う
		4	即時応答	質問などの短い発話を聞いて、適切な応答が選択できるかを問う

7 試験科目と得点区分

試験結果は、下の表の得点区分にしたがって表示します。N1、N2、N3 の得点区分は「言語知識（文字・語彙・文法）」「読解」「聴解」の 3 区分です。N4、N5 の得点区分は「言語知識（文字・語彙・文法）・読解」と「聴解」の 2 区分です。

試験を受けるときの「試験科目」と、試験結果を受け取るときの「得点区分」は、下の表のように対応しています。試験科目と得点区分は一致しませんので注意してください。

レベル	試験科目		得点区分	得点の範囲
N1 N2	①言語知識（文字・語彙・文法）・読解	⇒	①言語知識（文字・語彙・文法）	0～60
			②読解	0～60
	②聴解		③聴解	0～60
			総合得点	0～180
N3	①言語知識（文字・語彙）	⇒	①言語知識（文字・語彙・文法）	0～60
	②言語知識（文法）・読解		②読解	0～60
	③聴解		③聴解	0～60
			総合得点	0～180
N4 N5	①言語知識（文字・語彙）	⇒	①言語知識（文字・語彙・文法）・読解	0～120
	②言語知識（文法）・読解			
	③聴解		②聴解	0～60
			総合得点	0～180

8 試験の結果

(1) 合否判定

合格するためには、①総合得点が合格に必要な点（＝合格点）以上であること、②各得点区分の得点が、区分ごとに設けられた合格に必要な点（＝基準点）以上であること、の二つが必要です。一つでも基準点に達していない得点区分がある場合は、総合得点がどんなに高くても不合格になります。

N1～N3とN4・N5は、得点区分が異なります。各レベルの合格点及び基準点は下の表のとおりです。

レベル	総合得点		得点区分別得点					
			言語知識 （文字・語彙・文法）		読解		聴解	
	得点の範囲	合格点	得点の範囲	基準点	得点の範囲	基準点	得点の範囲	基準点
N1	0～180点	100点	0～60点	19点	0～60点	19点	0～60点	19点
N2	0～180点	90点	0～60点	19点	0～60点	19点	0～60点	19点
N3	0～180点	95点	0～60点	19点	0～60点	19点	0～60点	19点

レベル	総合得点		得点区分別得点			
			言語知識（文字・語彙・文法）・読解		聴解	
	得点の範囲	合格点	得点の範囲	基準点	得点の範囲	基準点
N4	0～180点	90点	0～120点	38点	0～60点	19点
N5	0～180点	80点	0～120点	38点	0～60点	19点

(2) 結果の通知

日本国内での受験者には、全員に「合否結果通知書」（以下「通知書」と言います）を送ります。海外での受験者には、全員に「日本語能力試験認定結果及び成績に関する証明書」（以下「証明書」と言います）を送ります。また、合格者には、「日本語能力認定書」（以下「認定書」と言います）を送ります。日本国内、韓国、台湾、中国で受験し合格した人の認定書には顔写真が載っています。

通知書、証明書では、合格、不合格のほかに、試験の得点を下のように表示しています。結果の見かたは下のとおりです。

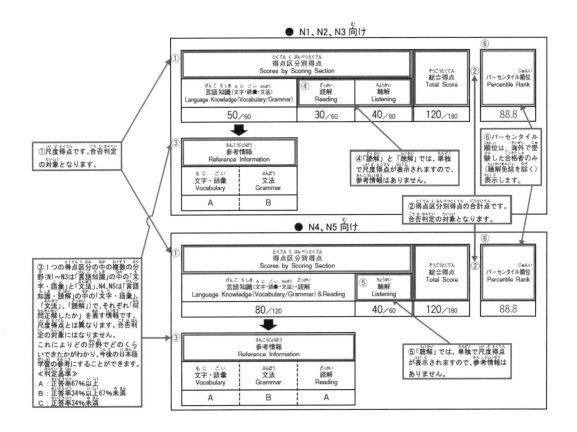

一つでも受験した試験科目があれば、通知書または証明書は届きますが、一科目でも欠席すると受験した試験科目も含めて全ての試験科目が採点の対象外となり、不合格になります。その場合、全ての試験科目の得点欄に「＊＊／60」のように＊（アスタリスク）が表示されます。全ての試験科目を欠席した人には、成績書類は届きません。

日本語能力試験の得点は尺度得点です。尺度得点についての詳しい説明は日本語能力試験公式ウェブサイト <www.jlpt.jp/about/pdf/scaledscore_j.pdf> を見てください。

海外で受験した合格者（聴解免除を除く）の証明書には、その試験を含む過去6回の全受験者の中での「パーセンタイル順位」（あなたの得点に満たない受験者は全体の何パーセントを占めているか）が表示されます。

9 よくある質問

(1) 試験について

Q. 日本語能力試験はどんな試験ですか。

A. 日本語能力試験は、原則として日本語を母語としない人を対象に、日本国内及び海外で、日本語能力を測定し、認定することを目的としています。

Q. どんな人が受験できますか。

A. 母語が日本語でない人なら、だれでも受験できます。日本国籍を持っているかどうかは関係がありません。年齢制限もありません。

Q. 身体等に障害がある人の受験はできますか。

A. はい、できます。身体等に障害がある人のために、受験上の配慮を行います。受験地の実施機関に問い合わせてください。受験上の配慮を希望する人は、申し込みのとき、願書といっしょに「受験上の配慮申請書」を出す必要があります。

Q. 試験は年に何回行われますか。

A. 7月と12月の2回です。ただし海外では、7月の試験だけ行う都市や、12月の試験だけ行う都市があります。受験したい都市でいつ試験を行うかについては、日本語能力試験公式ウェブサイトの「海外の実施都市・実施機関一覧」<www.jlpt.jp/application/overseas_list.html>を見てください。

Q. 試験はどこで受けられますか。

A. 日本では、47都道府県で受験することができます。海外で受験する人は、日本語能力試験公式ウェブサイトの「海外の実施都市・実施機関一覧」<www.jlpt.jp/application/overseas_list.html>で試験を行う都市を調べることができます。

Q. 全部ではなく、一部の試験科目だけを申し込むことができますか。

A. いいえ、できません。

Q. 受験料、申し込み期限、願書の入手方法など、申し込みのための具体的な手続きを教えてください。

A. 日本で受験したい人は日本国際教育支援協会のウェブサイト＜ info.jees-jlpt.jp＞を見てください。海外で受験したい人は受験地の実施機関に問い合わせてください。海外の実施機関は日本語能力試験公式ウェブサイト＜www.jlpt.jp＞で確認できます。

Q. 申し込みのとき、試験を受けたい国・地域にいませんが、どうしたらいいですか。

A. 必ず受験地の実施機関に申し込みをしてください。受験地によって申し込みの方法がちがいます。受験地の実施機関に問い合わせてください。自分で申し込みができなかったら、受験地の友だちや知っている人にたのんでください。

Q. 日本語能力試験の主催者はどこですか。

A. 国際交流基金と日本国際教育支援協会です。
国内においては日本国際教育支援協会が、海外においては国際交流基金が各地の実施機関の協力を得て、実施しています。
台湾では、公益財団法人日本台湾交流協会との共催で実施しています。

Q. 日本語能力試験の最新の情報はどこでわかりますか。

A. 日本語能力試験公式ウェブサイト＜ www.jlpt.jp＞を見てください。

(2) レベルについて

Q. どの受験者もみんな同じ問題を受けて、その結果からレベルが判定されるのですか。

A. いいえ。レベル（N1～N5）によって試験問題がちがいます。その人の日本語能力をできるだけ正確に測るために、レベルごとにちがう問題が用意されています。自分に合ったレベルを選んで受験してください。

Q. 受験するレベルはどのように決めればいいですか。

A. 「❹ 認定の目安」を参考にしてください。また、この問題集で実際に試験に出るのと同じ形式の問題を解きながら、具体的にレベルを確かめてください。

(3) 試験科目と試験（解答）時間、試験問題について

Q. 日本語能力試験には、会話や作文の試験がありますか。

A. いいえ、今のところ、どちらもありません。

Q. 試験科目や試験（解答）時間はどうなっていますか。

A. 「❺ 試験科目と試験（解答）時間」のとおりです。

Q. N1とN2の試験科目「言語知識（文字・語彙・文法）・読解」が、N3、N4、N5で「言語知識（文字・語彙）」と「言語知識（文法）・読解」の2つに分かれているのはどうしてですか。

A. N3、N4、N5は、試験に出せる語彙や文法の項目が少ないです。それで、N1とN2のように「言語知識（文字・語彙・文法）・読解」と1つの試験科目にまとめると、いくつかの問題がほかの問題のヒントになることがあります。このことを避けるために、N3、N4、N5では「言語知識（文字・語彙）」と「言語知識（文法）・読解」の2つに試験科目が分かれています。

Q. 日本語能力試験の解答方法は、すべてマークシートですか。

A. はい、多枝選択によるマークシート方式です。選択枝の数はほとんど4つですが、「聴解」では3つの問題もあります。

Q. N1とN2の「聴解」の最後の問題で、問題文に、「この問題には練習はありません」と書かれています。これはどういう意味ですか。

A. 「聴解」のほかの問題には、受験者に問題形式や答え方を理解してもらうための例題がありますが、最後の問題にはそのような例題の練習がないということです。

Q. 日本語能力試験では、日本に関する文化的な知識が必要な問題が出題されますか。

A. 日本に関する文化的な知識そのものを問う問題はありません。文化的な内容が問題に含まれる場合もありますが、その知識がなければ解答できないような問題は出題していません。

Q. 試験の問題用紙は、試験終了後、持ち帰ることができますか。

A. 試験の問題用紙を持ち帰ることはできません。問題用紙を持ち帰ると失格になります。

Q. 試験が終わった後で、正解を知ることはできますか。
A. 正解は公開していません。

Q. 過去に出題された試験問題は出版されますか。
A. 毎回の試験をそのまま問題集として出版することはしませんが、2010年に改定した日本語能力試験についてこれまでにこの問題集を含めて2集の『日本語能力試験公式問題集』が発行されています。『日本語能力試験公式問題集』（2012年発行）とこの『日本語能力試験公式問題集 第二集』（2018年発行）には、2010年の改定後実際に出題した試験問題の中から、それぞれ各レベルとも試験1回分に相当する数の問題が掲載されています。
今後も一定期間ごとに、過去に出題した試験問題を使って問題集を発行する予定です。発行時期などは、日本語能力試験公式ウェブサイト <www.jlpt.jp> などで発表します。

Q. 日本語能力試験の試験問題の著作権は、だれが所有しますか。
A. 試験問題の著作権は、主催者の国際交流基金と日本国際教育支援協会が所有します。
本書を無断で転載・複写・複製することは法律で固く禁じられています。
また、試験問題の一部には、第三者の著作物が含まれています。当該第三者の著作物が含まれる部分を使用される場合は、別途著作権者の承諾が必要となります。

(4) 得点と合否判定について

Q. 試験の得点はどのように出されますか。
A. 各レベルの得点区分と得点の範囲は「❼ 試験科目と得点区分」のとおりです。

Q. 試験の結果を受け取ると、N4、N5では、試験科目が別々だった「言語知識（文字・語彙）」と「言語知識（文法）・読解」が、1つの得点区分にまとまっています。どうしてですか。
A. 日本語学習の基礎段階にあるN4、N5では、「言語知識」と「読解」の能力で重なる部分、未分化な部分が多いです。それで、「言語知識」と「読解」の得点を別々に出すよりも、合わせて出す方が学習段階の特徴に合っていると考えているためです。

Q. それぞれの得点区分の中で、各問題の配点はどのようになっていますか。

A. 試験の中には、各問題の配点を決めておき、正解した問題の配点を合計して、得点を出す方式もありますが、日本語能力試験は、「項目応答理論」に基づいた尺度得点方式なので、問題ごとの配点を合計するという方法ではありません。尺度得点についての詳しい説明は日本語能力試験公式ウェブサイト <www.jlpt.jp/about/pdf/scaledscore_j.pdf> を見てください。

Q. 試験の結果をもらったら、思っていた得点と違ったのですが、確かめてもらえますか。

A. 一人一人の得点は、機械処理だけではなく、専門家による厳正な点検をして出しています。受験案内に明記されているように、個別の成績に関する問い合わせには、一切答えられません。なお、日本語能力試験の得点は「尺度得点」という得点です。「尺度得点」は、受験者一人一人の「解答のパターン」をもとに出す得点です。「正解した問題の数」から出される得点ではありません。そのため、自分で思っていた得点とは違う結果になることもあります。尺度得点についての詳しい説明は日本語能力試験公式ウェブサイト <www.jlpt.jp/about/pdf/scaledscore_j.pdf> を見てください。

Q. 結果をもらい、得点はわかりましたが、自分が受験者全体の中でどのくらいの位置だったのか知りたいです。

A. 日本語能力試験公式ウェブサイトの「過去の試験のデータ」<www.jlpt.jp/statistics/archive.html> の各回の試験の詳しい資料に、「尺度得点累積分布図」というグラフが載っています。結果に書かれている尺度得点とこのグラフを使うと、自分と同じ試験を受けた（2016 年第 1 回（7 月）試験からは、受けた試験を含む過去 6 回の）受験者全体の中で、自分がどの位置にいるかを知ることができます。

海外で受験した合格者（聴解免除を除く）の成績証明書には、その試験を含む過去 6 回の全受験者の中での「パーセンタイル順位」（あなたの得点に満たない受験者は全体の何パーセントを占めているか）を表示しています。

Q. どうして、合格するために、①総合得点が合格点以上で、②すべての得点区分の得点が基準点以上であることが必要なのですか。

A. 「言語知識」「読解」「聴解」のどの要素の能力もそれぞれ一定程度備えているかどうか、評価するためです。

Q. 受験しない試験科目があったら、どうなりますか。
A. 受験すべき試験科目のうち、1つでも受験しない試験科目があると、不合格になります。「合否結果通知書」または「日本語能力試験認定結果及び成績に関する証明書」は届きますが、受験した試験科目も含めてすべての試験科目の得点が出ません。

Q. ある得点区分が基準点に届かなくて不合格になったら、その次の試験で、その得点区分に対応している試験科目だけを受験して、基準点以上の点をとれば合格になりますか。
A. いいえ。合格・不合格の判定は、1回の試験ごとに、すべての試験科目を受験した人を対象に行います。ですから、基準点を上回らなかった得点区分に対応している試験科目だけを次の試験で受験しても、合格・不合格の判定ができません。次の試験ですべての試験科目を受験して、①総合得点が合格点以上で、②すべての得点区分の得点が基準点以上なら合格です。

(5) 試験の結果について

Q. 試験の結果はいつ、どのようにもらえますか。
A. 合格者には「日本語能力認定書」を交付します。また、日本国内での受験者全員に「合否結果通知書」を送ります。海外での受験者には「日本語能力試験認定結果及び成績に関する証明書」を全員に交付します。日本国内の場合、第1回試験（7月）の結果は9月上旬、第2回試験（12月）の結果は2月上旬に送る予定です。海外の場合は、受験地の実施機関を通じて交付されますので、第1回試験（7月）の結果は10月上旬、第2回試験（12月）の結果は3月上旬に受験者に届く予定です。その月が終わるころになっても届かない場合は、受験地の実施機関に問い合わせてください。
また、試験の結果はインターネットで見ることができます（日本での受験者はインターネット申込者のみ）。第1回試験（7月）は8月末、第2回試験（12月）は1月末に確認できる予定です。見られる期間と内容は、受験した場所によって異なります。日本語能力試験公式ウェブサイトの「試験結果発表」<www.jlpt.jp/guideline/results_online.html> を見てください。

Q. 電話やメールで試験の結果を教えてもらえますか。
A. できません。

Q. 日本語能力試験の認定に有効期限はありますか。
A. 日本語能力試験の認定に有効期限はありません。ただし、試験の結果を参考にする会社や学校が有効期限を決めている場合があるようです。必要に応じて会社や学校に個別に確認してください。

Q. 日本語能力試験の結果は、日本の大学で入学試験の参考資料として使われますか。

A. 日本語能力試験の結果を参考にしている大学もあります。詳しくは志望校に直接問い合わせてください。

Q. 勤務先から日本語能力を公的に証明できる書類を提出するように言われました。過去の受験結果について、証明書の発行が受けられますか。

A. 所定の手続きを行えば、希望者には「日本語能力試験認定結果及び成績に関する証明書」を発行しています。申請方法は、日本で受験した人は日本国際教育支援協会のウェブサイト <info.jees-jlpt> を見てください。海外で受験した人は日本語能力試験公式ウェブサイト <www.jlpt.jp> を見てください。

日本語能力試験　公式問題集　第二集　N1

2018 年 12 月 28 日　初版第 1 刷発行
2020 年　5 月　1 日　初版第 2 刷発行

著作・編集　　　独立行政法人　国際交流基金
　　　　　　　　URL　https://www.jpf.go.jp/

　　　　　　　　公益財団法人　日本国際教育支援協会
　　　　　　　　URL　http://www.jees.or.jp/

　　　　　　　　　　日本語能力試験公式ウェブサイト
　　　　　　　　　　URL　https://www.jlpt.jp/

発行　　　　　　株式会社　凡人社
　　　　　　　　〒102-0093　東京都千代田区平河町 1-3-13
　　　　　　　　電話　03-3263-3959
　　　　　　　　URL　http://www.bonjinsha.com/

印刷　　　　　　倉敷印刷株式会社

ISBN 978-4-89358-936-1
©2018 The Japan Foundation, and Japan Educational Exchanges and Services
Printed In Japan
定価は表紙に表示してあります。
落丁・乱丁本はお取り替えいたします。
本書の一部あるいは全部について著作者から文書による承諾を得ずに、いかなる
方法においても、無断で転載・複写・複製することは法律で固く禁じられています。